JN299788

文化とまちづくり叢書

浜松市の合併と文化政策

地域文化の継承と創造

山北一司＝著

水曜社

はじめに

平成の合併が始まった1999（平成11）年4月から総務省が一区切りと宣言した2010（平成22）年3月末の間は、20世紀の終焉から21世紀の始まりの約10年だった。2001（平成13）年12月には、「文化芸術振興基本法」が施行され、文化政策の領域にとってもエポックメーキングな時期だったと言えるだろう。

おそらく、平成の合併と文化政策が同時に語られることは今までなかったであろう。本書で両者を語ることの重要性は、より一層明確になったと自負している。

筆者は、文化芸術振興基本法の前文を、カッコ内のように置き換えて考える。「文化芸術を創造し、享受し、文化的な環境の中で生きる喜びを見出すことは、人々（地域住民）の変わらない願いである。また、文化芸術は、人々（地域住民）の創造性をはぐくみ、その表現力を高めるとともに、人々（地域住民）の心のつながりや相互に理解し尊重し合う土壌を提供し、多様性を受け入れることができる心豊かな社会を形成するものであり、世界（当該自治体）の平和に寄与するものである。更に、文化芸術は、それ自体が固有の意義と価値を有するとともに、それぞれの国（地域）やそれぞれの時代における国民（住民）共通のよりどころとして重要な意味を持ち、国際化（地方分権）が進展する中にあって、自己認識の基点となり、文化的な伝統を尊重する心を育てるものである（…中略…）しかるに、現状をみるに、経済的な豊かさの中にありながら、文化芸術がその役割を果たすことができるような基盤の整備及び環境の形成は十分な状態にあるとはいえない。21世紀（平成の合併）を迎えた（終えた）今、これまで培われてきた伝統的な文化芸術を継承し、発展させるとともに、独創性のある新たな文化芸術の創造を促進することは、我々に課された緊要な課題となっている」。

このように、置き換えてみれば、文化は決して強制されるものではない。それぞれの人々の意識の中に文化を自覚するかどうかである。文化は決して手の届かないものではなく、身近に存在する伝統や習慣などもその一つであることに気がつくであろう。

さて、2001（平成13）年にはもう一つ文化に関する世界的に大きな出来事があった。「文化的多様性に関する世界宣言」[1)]がユネスコ総会において採択されたことである。

ユネスコ憲章の前文には「文化の広い普及と正義・自由・平和のための人類の教育とは、人間の尊厳に欠くことのできないものであり、かつ、すべての国民が相互の援助及び相互の関心の精神をもって果たさなければならない神聖な義務である」と謳われている。

「文化的多様性に関する世界宣言」は、ユネスコ憲章の前文を想起し、採択されたもので、第１条は、「時代、地域によって、文化のとる形態は様々である。人類全体の構成要素である様々な集団や社会個々のアイデンティティーは唯一無比のものであり、また多元主義的である。このことに、文化的多様性が示されている。生物的多様性が自然にとって必要であるのと同様に、文化的多様性は、交流、革新、創造の源として、人類に必要なものである」。また、第７条では、「創造は、文化的伝統の上に成し遂げられるものであるが、同時に他の複数の文化との接触により、開花するものである。従って、いかなる形態の遺産も、多様な文化における創造性を育み、真の異文化間対話を促すために保護・強化され、人類の経験と希望の記録として未来の世代に受け継がなければならない」としている。

言うまでもなく、国家レベルに文化の多様性があるのと同じように、日本の各地域間にも類似の文化の多様性は存在する。平成の合併時に伝統文化の喪失等が危惧されたことは、ユネスコの世界宣言を持ち出すまでもなく、文化を考えるうえで、我々にとっても身近な問題であった。

もう一つ別の例を引き合いに出すならば、ヨーロッパのそれぞれの文化的背景の異なる国が統合している欧州連合（EU）であろう。2007（平成19）年５月10日、欧州委員会はグローバル化社会における文化の役割に関する政策綱領を採択している。同綱領は、欧州連合（EU）としては初めて文化戦略を提示したものである。

時の欧州委員会のジョゼ・マヌエル・バローゾ委員長は、「文化と創造力は人々の日常生活に関わりを持つものであり、個人の自己啓発、社会的結束および経済成長の重要な推進力である。しかし、文化と創造力は、それよりはるかに大きな意味を持つ。この二つの要素は、共通の価値と共通の遺産に基づいていると同時に多様性を認め、尊重する欧州統合計画の中核をなすものである。本日採択された、異文化間の理解を促進する戦略は、文化が我々の政策の核心にあることを確認している」と述べている。

「グローバル化する世界における欧州の文化面での課題」と名付けられた施政方針は、政策綱領としてまとめられ、①文化多様性と異文化間対話の促進②リスボン戦略[2]の枠組みにおける創造力の促進剤としての文化の推進③EUの国際関係における不可欠な要素としての文化の推進——の三つの主要目標を提示している。

平成の合併は、ユネスコやEUのような国家的レベルでない。だが、地域固有の伝統文化や地域のアイデンティティを尊重すべきことは共通の価値認識であり、文化を政策の基底としたまちづくりを進めることに置換できよう。

筆者が主張したいことは、合併というものを一つの社会事象として捉えるならば、平成の合併はこうした身近な文化や、伝統文化について考える一つのチャンスだということである。

ローカルな視点を持ちながら一歩踏み出し、グローバルな視点を目指しながら、とりあえずはその両者を併せ持つグローカルな視点で地域固有の文化を考え、まちづくりを進めていくうえではまたとない機会である。小さな一歩ではあるが、身近な地域を考え、やがては日本、そして世界への視点と目線を高めていく。そんな思いで本書を読み進めていただければ幸いである。

---

1) 本書では、2004（平成16）年9月9日付の「文化審議会文化政策部会　文化多様性に関する作業部会　報告」で使用されている仮訳に準拠している。

2) リスボン戦略（Lisbon Strategy）とは、2000（平成12）年3月に、ポルトガルの首都リスボンで開催された欧州連合（EU）首脳会議で採択された、2010（平成22）年をターゲットとする長期的な経済・社会改革戦略である。

目次

序章

文化政策と市町村合併

第１節　文化を基底としたまちづくりのチャンス到来

20世紀の終わりから21世紀最初の10年、全国の至る所で市町村合併のドラマが誕生した。まるで嵐のようでもあり、今もその嵐は各地に爪痕を残してはいるが、すっかりもとの平静（平成）に戻っているかのように見える。しかし、それらは表層であって、見えないところでは市民主役のドラマが進行中である。

平成の合併は中央集権から地域に目を向ける絶好の機会となった。合併が、自主的なものなのか、強制的なものなのかによってもその見方、捉え方は必然的に異なってこよう。

今こそ、合併後のまちづくりに関心を寄せるべきであり、市民主役のドラマに参加する機会でもある。

本書では合併の可否はともかく一つの社会現象として捉えた場合、まちづくりのチャンスではないだろうかという強い思いを伝えたい。

法律によって国や県が音頭をとったという事実から、政府主導の平成の市町村合併を「平成の合併」とするが、それは2010（平成22）年３月末の新・合併法である特例法[3)]の期限切れで一区切りとなった。

総務省は期限切れを月末に控えた３月５日、「平成の合併」について公表[4)]している。

同報告書では、平成の合併について、1999（平成11）年以来、基礎自治体の行財政基盤確立のため、全国的に市町村合併を推進し、3,232市町村［1999（平成11）年３月31日現在］から、1,730市町村[5)]［2010（平成22）年３月31日］になったと報告している。その後、最終的には1,727市町村となっている。

同報告書では、合併の本来的効果が現れるまでには10年程度の期間が必要であるとし、現時点での短期的な影響分析をまとめたものとしている。

合併による主な効果として①専門職員の配置など住民サービス提供体制の充実強化②少子高齢化への対応③広域的なまちづくり④適正な職員の配置や公共施設などの統廃合などの行財政の効率化――を、また、合併による主な問題点・課題として①周辺部の旧市町村の活力喪失②住民の声が届きにくくなっている③住民サービスの低下④旧市町村地域の伝統・文化、歴史的な地名などの喪失——としてそれぞれ4点を挙げた。

筆者は平成の合併時に、浜松市を中心とする静岡県の西部エリア（遠州地域）を取材対象としていた報道機関の支局に勤務〔2004（平成16）年3月～2007（平成19）年12月〕しており、赴任時は浜松市が政令指定都市への移行を目指し、中山間地域をも含む12市町村の合併を進行中であった。

浜松市は、総務省が合併の効果として挙げた各項目を着実に実行する一方で、デメリットと言われた項目についても、逆にメリットとして飲み込んでしまうかのような勢いで都市間競争に打ち勝とうとしている。

かつて浜松市は、第二次世界大戦によって市街地が焦土と化し、文字どおりゼロからの出発となった。その出発に際して、「単に建築物を建てればいいのではない。機能だけではなく、温かみのある文化が息づくような総合的な発想が必要だ」[6)] と痛感していた市職員がいた。後に第19～23代〔1979（昭和54）年～1999（平成11）年までの20年間〕の市長を務めることになる栗原勝であった。

昭和20年代にまちづくりの基底に文化を置き、総合的な発想の必要性を認識した栗原元市長の考えはその後の市政に大きく活かされることになる。

その栗原元市長は、平成の合併の直前となった可美村との合併を1991（平成3）年に終え、戦後の復興時から思い描いていた文化が息づくまちづくりの象徴でもあるアクトシティ浜松を1994（平成6）年に完成させた。

平成の合併が始まった1999（平成11）年、20年間に及んだ市長職を辞し、後に平成の合併を担うことになる北脇保之氏に引き継いだ。

浜松市は中山間地域をも含む12市町村の合併により、全国の都市の中でも2番目に面積の広い市域を有する都市となった。合併によって周辺部が寂れる、伝統文化が失われるなどのデメリット論がある中、そうした地域と合併した浜松市はどのようなまちづくりを進めているのであろうか。

平成の合併に至るまでの経緯や合併後の取り組みについて、文化政策の視点から検証することによって、合併は文化政策の視点でまちづくりをするチャンスであることを論じてみたい。

合併が文化政策の視点でまちづくりをするチャンスであると論じる背景として、平成の合併は明治や昭和の大合併の時代とは違い、90年代の心の豊かさと言われた時代を経験していることが挙げられる。

では、文化政策とは何か、また、文化とは何かについて整理しておこう。

伊藤裕夫は10年前に、「もう一度文化を再発見していこうという動きが出てきました。昔の文化を取り戻すということではなく、地域のなかで人と人との結びつきから発見される新しい文化の発見です（…中略…）文化政策という場合の文化には、こうした地域文化ということと、芸術文化という二つの要素をもっています。この場合の芸術というものは人と人との結び付きをつくるための非常に重要な手段であり仕組みだと思います」[7]と述べている。

伊藤のこうした見解は、10年後の今の時代においてさえも、いやむしろ、平成の合併によって、新たなまちづくりが始まった今の時代の方が、陳腐化するどころか輝いているかのように見える。

長年まちづくりの現場に身を置き、実践や研究活動を続けている織田直文は、「文化政策とは文化の視点を持った施策の総体、すなわち〈文化〉をキーワードに人間（ひと）や組織（会社)、地域（まち)・国（くに）の活力や魅力を創造し、人々を幸福にすることに資する公共的な手当てである」[8]としている。織田のこうした公共政策の中の文化政策に、活力や魅力を創造し、人々を幸福にするとしたところは、政策を執行する行政サイドへの“かくあるべき”という思い入れであろう。

伊藤、織田両氏に共通する文化政策の捉え方は、文化を基底とした人や地域である。伊藤は人と人との結びつきから発見される新しい文化と表現し、織田は人間や組織、地域、国の活力や魅力を創造すると表現している。

伊藤は、文化という言葉を「人間の集団において共通する行動様式や考え方」[9]と定義している。そのことは、合併によって人々の所属する基礎自治体が「浜松市」となることであり、「○○区」の地域社会に属することでもあって、行動様式や考え方が新たな共通の文化を生み出すことになる。もちろん個々の文化はそのまま残り、また、あるものは融合しあって新しい文化が生まれてくるということである。

また、文化の定義についてD.スロスビーは、「文化とは価値、信念、伝統、習慣などの一連のものであり、ある集団を確認し結びつけている―― を受け入れるならば、文化が集団の中で個々人の考え方や行動に影響を及ぼし、また集団全体としての行動様式に影響を与えると考えることは難しいことではない。この命題は会社などのような小さな集団にも、国のような大きな集団にも適用することができる。会社では社風を中心に集団のアイデンティティが築かれており、また国では宗教的心情、社会習慣、継承された伝統などが共通の価値観として含まれている。いずれの場合にも、この命題の経済面での表現は、集団のアイデンティティと価値観が、個人の選好パターンを方向づけ、したがって彼らの経済的行動を方向づけるという形で言い表しうる」[10) と述べていることを、合併による新しいまちづくりの行動様式として置き換えるならば文化政策的にもあてはまることであろう。

合併をキーワードに、まちづくり計画である新市建設計画、伝統文化の保存・伝承、芸術文化の振興などの諸施策を、総合政策としての文化政策の視点で捉えることによって浜松市の取り組み状況が見えてくる。

文化政策を総合政策として位置づける論拠として、「文化を大切にする社会の構築について：一人一人が心豊かに生きる社会を目指して」[11) では、次のように記述している。

「文化は、①人間が人間らしく生きるために極めて重要であり、②人間相互の連帯感を生みだし、共に生きる社会の基盤を形成するものです（…中略…）このような文化の果たす機能や役割にかんがみ、社会のあらゆる分野や人々の日常生活において、その行動規範や判断基準として『文化』を念頭に置いて振る舞うような社会、言わば『文化を大切にする社会』を構築することが必要です。そのためには、一人一人が文化を大切にする心を持つとともに、国や地方公共団体などの行政機関においては、文化を基軸にして施策が展開される必要があり、また、企業も社会の一員として、文化の価値を追求して行動することが求められます」[12) と、文化を基軸にして施策が展開される必要があるとした。

ここで、文化や文化政策に関する筆者の考えを整理しておきたい。文化政策とは、「文化のもっている魅力を引き出すことにより人と人を結びつけ、地域力を高めるもの」である。その際の文化とは、「①動詞であり時制（過去・現在・未来・完了形・進行形）を持つ②磁力を持つ③感動を与える力を持つ④人や地域を成長させる力を持つ―― 生活文化、習慣、伝統文化・芸能、有形・無形文化財、芸術文化など」である。

平成の合併は、現代に生きる私たちの時代に発生した一つの社会的事象である。自分たちの地域のことに、無関心ではいられなくなった。一方で、世界的な大きな流れとして文化に対する価値観について多くの人が認識するところともなった。

たとえば、2001（平成13）年にはアフガニスタンのバーミヤンの２体の大仏が、イスラム原理主義組織のタリバンの爆破によって全壊する悲劇が起きた事例である。世界中の多くの人々が改めて遺跡や文化遺産の重要性を共通のものとして認識した。地球上で起きている大きな出来事は、実は我々にとって非常に身近な問題として、密接に関わりあっているという視点をともすれば忘れがちである。

平成の合併という日本の中の、しかも地域の問題であるかもしれないが実はベースとなっているのは、我々の生活文化に密接に関係することである。すなわち、自分自身（日本の文化）を知ることで相手（他国）の文化を理解していくという大切なもので、本来人類が備えなければならないもっとも基本的なことである。

このことに気づかされるきっかけの一つが平成の合併であったように思われる。相手を受け入れ、共に新しい価値観を持つという共通の認識に立つことこうした考え方、すなわち思考プロセスを身につけるうえでもまたとない機会であろう。

以上の課題意識から浜松市を事例に、平成の市町村合併と文化政策を論じてみたい。

第２節　本書の構成

本書では、政令指定都市を目指した浜松市の合併を事例として、文化政策の視点から平成の合併を検証することによって、総合政策としての文化政策をまちづくりに活かすことの必要性を論じるものである。

第１章では、明治と昭和の大合併を振り返り、平成の合併と国の総括を紹介したうえで、平成の合併第１号となった篠山市を取り上げた雑誌の評価や検証を紹介する。その事例から導き出された評価や検証をふまえ、住民意識の変容や文化を基底としたまちづくりが萌芽した事例を取り上げている。

平成の合併では周辺部が寂れることや、伝統や文化の喪失などが懸念された。また、今後の基礎自治体は、行政職員の体制や職員のモチベーション、職場の組織風土の良さによってあり方が決まるとされた。今後地方分権型の社会を構築するためには、行政組織が強固とならねば、住民自治、地方分権も絵に描いた餅になるかもしれないという危機感を感じさせる。

合併の検証では特例債の問題をはじめ、合併が果たして良かったのかどうかという検証もこれから始まるのであろう。合併の効果が現れるまでには10年程度の期間が必要であるとしているが、10年を経過した自治体の検証は既に始まっている。

筆者は平成の合併の最大の効果は、地域のことを現代の社会において住民が真剣に考える機会であったことであると思う。世界的に見ても文化に対する重要性が強調されてきた。少なくとも明治・昭和の大合併という時代背景の中では議論されてこなかったテーマである。

こうした時代背景の中での平成の合併であり、そこには人々が生活する基盤、地域の歴史や文化は何だったのであろうかということに対する現代人への問いでもあった。その視点で平成の合併を読み解くことが可能となれば、平成の合併の評価や検証する際の軸は、従来の合併に対する評価軸とは異なったものになろう。

行政という組織、住民がどのように変わったのか、変わりつつあるのか、合併という社会事象を受けて、地域づくりやまちづくりはどのように進めていったらよいのであろうか。これらを考える手段として、文化政策の視点を用いることが今の時代にこそ有用ではないだろうか。

以上のような点を想起しながら本章を読み進んでいただきたい。

第２章では、市域拡大と産業の発展を目指した浜松市の合併の歴史や近代化への歩みを振り返った。そこには噴水効果を期待する周辺の町村の姿もあり、WIN-WIN の関係も見られた。

浜松市における平成の合併は政令指定都市を目指したものであり、経済界の悲願でもあった。

合併のテーブルには二つの役割があり、一つは合併協議会で話し合う公式の場であり、もう一つは合併協議会を支える事務局であった。この二つのテーブルの中身が浜松市の合併の成否を握ることになる。

その中身とは、将来像の中の世界都市、都市内分権、また、合併協事務局という組織と人、対等の精神、一丁目一番地に位置づけられた行財政改革、一市多制度などのキーワードであった。

第３章では、商工都市、農業都市、外国人が多く住む外国人集住都市などさまざまな顔を持つ浜松市を多面相として紹介し、新型政令指定都市がなぜ国土縮図型と言われるのかを取り上げ、さらに、旧 12 市町村を束ねるキーワードとしての「ひとつの浜松」について言及している。

浜松市が抱えるさまざまな問題（すなわち、少子高齢化、中山間地域における過疎化、河川、湖沼、海、山林等の自然環境問題、道路などインフラ整備、中心市街地の活性化、文化振興、伝統文化の保存・伝承、産業・農業・漁業等の振興、企業誘致、雇用、観光、多文化共生など）は、日本の多くの自治体に共通する諸課題でもある。合併によって生まれた「ひとつの浜松」という言葉を「ひとつの日本」と置き換えても過言ではないかもしれない。

第４章では、文化政策を取り巻く諸要素にはどんなものがあり、そしてそれらは市の文化政策にいかなる影響を与えたのかを分析した。国内においては、2001（平成 13）年の文化芸術振興基本法が地方自治体の文化政策に与えた影響は大きかった。しかし、残念ながらそれは総合的な政策の視点ではなく極めて限定的であった。

浜松市の場合は、合併をはじめ組織、首長、区のあり方、行財政改革推進審議会、指定管理者制度、文化振興ビジョンなどが同市の文化政策に何らかの影響を及ぼしたものとして、分析の対象とした。

文化振興ビジョンでは、浜松市の合併の特色を示す伝統文化や文化財への取り組みにも記述が多く割かれ、合併の影響を色濃く残した。

また、合併によって影響が出ているとするならば、各種事業に対する予算を検証する必要があろう。そこでは区役所費、本庁の文化政策関連費など従来の固有事業への配慮、一方で全市域への文化政策事業の拡大が読み取れる。

第5章では、浜松市の音楽のまちづくりを中心とした文化政策の歩みを振り返る。そこでは、筆者が捉える合併後のまちづくりは文化を基底とした総合政策としての文化政策の視点で行うべきだとする主張を見事に表している“文化のためのアジェンダ21”を取り上げた。

同アジェンダは、浜松市が日本の都市では唯一加盟している都市・自治体連合（UCLG）によって、2004（平成16）年に採択されたもので、都市および地方自治体が文化発展のために基盤を構築する必要があるという使命を明記したものである。

また、第4章で取り上げた文化政策に影響を及ぼした行財政改革推進審議会をさらに掘り下げ、審議会の議論から文化政策の位置づけを検証した。

さらには、歴代市長の文化政策に対する考え方を議会答弁から抽出することで、文化政策の継承性を検証した。

本章では、浜松市の文化政策、少なくとも音楽のまちづくりに端を発した文化政策が創造都市を目指すまでの変遷が分かるようにした。

第6章では、合併時に旧12市町村が取り組んできた事業のうち調整課題とされていたものについて、合併および政令指定都市移行後どのように変遷したのかを検証している。

合併論議の中で、デメリットとして挙げられた伝統や文化の喪失、周辺部が寂れるという点を念頭に、地域固有事業のその後を追った。「一市多制度」の多制度として固有事業は守られているのだろうか。また、「一市多制度」から「ひとつの浜松」への転換によってはどうなのか。そして、行財政改革との狭間で、浜松市はどのように地域固有事業を継承させているのか―― などについて検証した。

第7章では、直近2回の市民アンケート調査結果の中から文化やまちづくりに関する項目のうち、市民の思いとしての市政満足度、重要度を分析した。また、行政の思いとしては、合併後に多くの取り組みが進められている中で、筆者なりにいくつかの切り口から事例を取り上げた。

一つ目は、市域の6割以上を占める中山間地域とどのように取り組もうとしているのか―― という視点から2010（平成22）年3月に策定された「中山間地域振興計画（山里いきいきプラン）」を取り上げた。中山間地域が抱える諸課題をメリットに転じようとする姿勢が見られる。

二つ目は、日本の縮図が浜松市であるならば、浜松市の縮図は北区と言われる。その北区での事例を紹介した。

最後に、浜松市は2011（平成23）年、市制施行100周年の記念すべき年にあたる。現代の浜松市民は先人の礎を基に「未来へかがやく創造都市・浜松」の構築に邁進している。創造は文化的伝統のうえに成し遂げられる―― ことを想起すれば、もはや「文化不毛」と言われた時代は終焉し「文化肥沃」の地と化しているのかもしれない。

終章では、序章の課題意識をふまえ、第1章から第7章まで論じた事例等から文化政策からみた平成の合併を総括し、平成の合併以降のまちづくりに文化を基底とした総合政策としての文化政策の必要性を論じている。

以上が、本書の構成である。

---

3) 市町村の合併の特例等に関する法律〔2004（平成16）年法律第59号〕とは市町村合併に関する特例を定めた日本の法律で、2010（平成22）年3月31日限りで効力を失う限時法（時限立法）。なお、「市町村の合併の特例に関する法律〔1965（昭和40）年法律第6号9〕」（旧・合併特例法）は2005（平成17）年3月31日に失効している。

4) 総務省がこれまでの平成の合併について、現時点において総括するために取りまとめたもので概要版と本文から成る。

5) 2010（平成22）年1月12日官報告示ベース。

6) 静岡新聞社編『アクトシティ物語』静岡新聞社、1994、p.171.

7) 伊藤裕夫「人と人との間につながりを生む文化を」『浜松市制90周年記念誌：そして未来へ』浜松市、2001、p.26-27.

8) 織田直文編『文化政策と臨地まちづくり』水曜社、2009、p.10.
9) 伊藤、前掲書、p.26.
10) スロスビー・デイヴィッド『文化経済学入門：創造性の探求から都市再生まで』中谷武雄、後藤和子監訳。日本経済新聞社、2002、p.105-106.
11) 2002（平成 14）年４月の文化審議会の答申。2001（平成 13）年４月に文部科学大臣から「文化を大切にする社会の構築について」の諮問を受け、同年４月から 2002（平成 14）年４月までの審議を経て答申したもので、同答申書の終わりでは、前年秋の臨時国会で「文化芸術振興基本法」が成立し、施行されたことにふれ、同法の成立によって策定される基本方針に、この答申の内容が十分生かされることを期待する、としている。
12)「第１章　今後の社会における文化の機能・役割」文化審議会・答申『文化を大切にする社会の構築』から抜粋、2002、p.２.

第1章

市町村合併とは

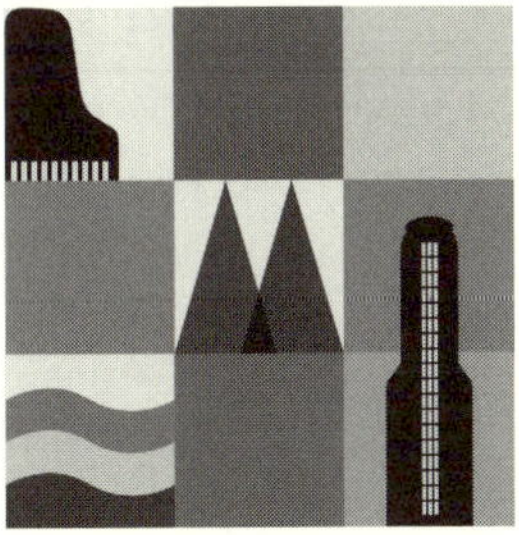

第１節　明治と昭和の大合併

一言でいえば、明治の大合併は太政官布告的な要素があったのかもしれない。また、昭和の大合併は戦後復興期を経て高度経済成長期に入った頃である。その頃は、そうした経済成長期前後の社会の時代に即した社会基盤や制度の構築が急務であった。そのためには行政の仕組みも時代のニーズに即したものが必要であったのであろう。

過去２度の大合併について総務省は、次のように説明している。

明治の大合併は、近代的地方自治制度である「市制町村制」の施行に伴い、行政上の目的（教育、徴税、土木、救済、戸籍の事務処理）に合った規模と自治体としての町村の単位（江戸時代から引き継がれた自然集落）との隔たりをなくすために、町村合併標準提示〔1888（明治 21）年６月 13 日　内務大臣訓令第 352 号〕に基づき、約 300 ～ 500 戸を標準規模として全国的に行われた町村合併だった[13]としている。

その結果、1888（明治 21）年に 71,314 だった町村が、翌年には約５分の１の 15,859 町村となった。

その後、大正時代を経て町村合併促進法〔1953（昭和 28）年 10 月１日、法律第 258 号〕の施行時には、9,868 市町村となっていた。

戦後、新制中学校の設置管理、市町村消防や自治体警察の創設の事務、社会福祉、保健衛生関係の新しい事務が市町村の事務とされ、行政事務の能率的処理のためには規模の合理化が必要とされた。

こうした背景から、昭和の大合併は、町村合併促進法（第３条「町村はおおむね、8,000 人以上の住民を有するのを標準」[14]）および新市町村建設促進法〔1956（昭和 31）年〕により、「町村数を約３分の１に減少することを目途」とする町村合併促進基本計画〔1953（昭和 28）年 10 月 30 日　閣議決定〕の達成を図ったものだった。

その結果、1961（昭和 36）年にはほぼ３分の１の 3,472 市町村となり、平成の合併が始まる直前の 1999（平成 11）年３月末には、3,232 市町村となった。

第２節　国が総括した平成の合併

（1）合併の背景、効果

総務省は平成の合併について、①地方分権の推進＝ 1999（平成 11）年に地方分権一括法が成立し、自己決定・自己責任のルールに基づく行政システムの確立がなされた。そのことによって、地方公共団体の自主性に基づく地域間競争や個性ある多様な行政施策を展開するためには、一定の規模・能力（権限、財源、人材）が必要とされる②少子高齢化の進展＝今後、本格的な少子高齢化社会の到来は必然である。市町村が提供するサービスの水準を確保するためには、ある程度の人口の集積が必要とされる③広域的な行政需要が増大＝人々の日常生活圏が拡大するのに従い、市町村の区域を越えた行政需要が増大しており、新たな市町村経営の単位が求められている④行政改革の推進＝国・地方を通じて、極めて厳しい財政状況にある中、国・地方とも、より一層簡素で効率的な行財政運営が求められており、公務員の総人件費改革等、更なる行政改革の推進が必要とされる⑤昭和の大合併〔1955（昭和 30）年前後〕から 50 年が経過＝時代の変化として、交通、通信手段の飛躍的発展に対応して新たな市町村経営の単位が求められている―― 以上五つの理由により、基礎自治体である市町村の行財政基盤を強化する必要があり、そのための手段としての市町村合併だとした。

明治の大合併が数値目標として約 300 ～ 500 戸を標準規模として掲げ、期間はわずか１年で終了したのに対し、昭和の大合併は、数値目標をおおむね、8,000 人以上の住民を有するのを標準として掲げ、８年の期間に及んだ。

これに対し、平成の合併では、明確な人口規模目標を設定しなかったこと、期間は過去２回の合併に比べ 11 年と長期に及んだということが明治・昭和の合併とは違うところであった。

さらに、物の豊かさから心の豊かさが叫ばれるようになった 90 年代を経験してきたという大きな社会的背景があり、過去２度の合併とは住民がまちづくりに求めるニーズが異なっていることを忘れてはならない。

（2）平成の合併と今後の課題

総務省は平成の合併や今後の課題について、どのように総括したのであろうか。2010（平成22）年３月５日に公表した、「平成の合併」では、次のように記している。

概要版では、①合併の進捗状況等②平成の合併の評価③今後の合併に対する考え方④これからの基礎自治体の展望――の４項目について報告している。

①合併の進捗状況等

市町村数は3,232から1,730になり、相当程度進捗した。また、今回の合併は、一部事務組合や広域市町村圏など日常生活圏を基本とする枠組みを元に合併した事例が多くみられ、行政運営の単位を住民の日常生活圏に近づけることに寄与したと考えられる。

②平成の合併の評価

合併の効果が現れるまでには、10年程度の期間が必要で、現時点では短期的な影響の分析にとどまらざるを得ない。

直接的な効果ではないが、平成の合併においては、多くの住民投票や合併協議会設置に向けた住民発議が行われた。

また、合併のプロセスにおいて、多くの市町村が住民アンケートを実施したことは、住民の関心を高め、自分のまちの将来について考える契機になったものと考えられる。

③今後の合併に対する考え方

現行合併特例法の期限である2010（平成22）年３月末で一区切りとしたうえで、４月以降は、自主的に合併を選択する市町村に円滑のための特例を用意する。なお、旧合併特例法及び現行合併特例法下の合併市町村については、引き続き確実に支援する。

今後の基礎自治体は、住民に最も身近な総合的な行政主体として、これまで以上に自立性の高い行政主体となることが求められており、これにふさわしい十分な権限と財政基盤を有する必要があるという点において、この姿に近づいた。

一方で、人口減少・少子高齢化の進行や厳しい財政状況を踏まえると、引き続き行財政基盤を強化する必要がある。

しかしながら、従来と同様の手法（国や県の関与）を続けていくことには限界があるとして、2010（平成22）年３月末までで一区切りとし、今後は自主的にという方向性を打ち出した。

④これからの基礎自治体の展望

地域主権改革の進展等により、基礎自治体である市町村の役割はより一層重要になるとして、市町村合併による財政基盤の強化、共同処理方式による周辺市町村間での広域連携、都道府県による補完などの中から、市町村が最も適した仕組みを自ら選択する。

これまでのような地域における住民サービスを行政だけが支える仕組みは根本的に見直していく必要がある。地域にあるコミュニティ組織、NPO、住民、企業の力を結集し、行政が地域と協働を進めることによって、地域で必要となるサービスを地域全体で支えていく仕組み作りが必要である。

併せて、現実に住民サービスを提供する市町村としての行政運営パフォーマンスは、基礎的条件としての職員の体制、職員のモチベーション、そして職場の組織風土の良さによって決まる。地域を支える多種多様な人材の育成・確保が極めて重要であり、地域をマネジメントできる人材育成についても今後は官民問わず力を入れていくべきであると考えられる。

以上が、総務省の総括の要旨であるが、①の合併進捗状況を相当程度とした理由は、平均人口が36,387人〔1999（平成11）年３月末〕から68,947人〔2010（平成22）年３月〕となったことや、人口１万人未満の市町村が1,537から459へと大幅に減少したことである。

また、②の平成の合併の評価に、10年程度の期間が必要としたのは、まちづくり計画でもある新市町村建設計画等で一般に定められている期間が10年程度であることが根拠とみられる。

新田一郎は、「我が国における市町村合併は、『明治の大合併』、『昭和の大合併』に引き続き、『平成の合併』とこれまで三度にわたり全国的に積極的な推進を図ってきたことになる。そういう意味で、この度、平成の合併推進に一区切りをつけるということは、我が国の地方行政の歴史において、大きな転換点として位置づけられるものといえる（中略）この『平成の合併』の評価はこれから様々に行われることと思われるが、少なくとも将来の確かなまちづくりを展望し、合併を選択した方々の判断に対しては正当な評価がなされるべきであると思われる」[15] こう述べた後、平成の合併の経緯や国会での議論、合併に関する法律の経緯などを説明している。

新田は論文の最後で、「地域主権改革と基礎自治体」とタイトルを付け次のように記述した。

「『地域主権』という言葉そのものに対し様々な議論があるが、『地域主権改革』の定義は、『日本国憲法の理念の下に、住民に身近な行政は、地方公共団体が自主的かつ総合的に広く担うようにするとともに、地域住民が自らの判断と責任において地域の課題に取り組むことができるようにするための改革』とされている。この定義は、先述の地域主権改革関連法案の中の内閣府設置法（平成11年法律第89号）の改正により法制化される地域主権戦略会議に関連して規定されている」[16]。敢えてこのことにふれた後、地域主権型社会における基礎自治体のあり方と住民自治の強化について言及した。

総務省の総括、新田論文でも明らかなように、平成の合併が目指した地方分権は、いまだ不十分で、今後も基礎自治体の自立性の高い行政主体となることや住民自治を強化する必要性が求められている。

そのためには、行政職員の体制、職員のモチベーション、職場の組織風土の良さによって決まるとした行政運営パフォーマンスの向上があってこそ、次のステップとしての住民自治の強化というプロセスをたどるのが順当であろう。

11年かかった平成の合併の中には、合併しなかった市町村、合併後10年のまちづくり計画を終えたところ、駆け込み合併でスタートしたばかりのところなど、スタート地点は違っても、これからのまちづくりの道のりは長い。10センチのものさしと100センチのものさしとでは、メモリが違うように、100

センチのものさしで見れば僅かな差であろう。

まちづくりは長いものさしを用い、長期的な視野に立脚して取り組んでいくことが望ましい。その長いものさしの例を次節で取り上げる。

第３節　住民の意識の変容から見た平成の合併

地方制度調査会が、内閣総理大臣あてに答申書を提出したのは、2009（平成21）年６月16日だった。この動きを境にして雑誌や新聞等において評価や検証に関する論文や記事が多く掲載されるようになってきた。

葉上太郎は、『文藝春秋』2010年４月号で、「『平成の大合併』篠山市の失敗」と題して、1999（平成11）年から始まった「平成の大合併」の第１号となった篠山市を取り上げた。

昭和の大合併以後、篠山市をめぐっては５度の破談を経験し、1999（平成11）年４月ようやく合併にこぎつけた。葉上によれば、周回遅れ（昭和の合併）のランナーがゴールしようとしたとき次のレース（平成の合併）がスタートしており、この周回遅れのランナーを、なぜか政府によって、平成の合併の第１号に位置付けられた[17]と表現している。

篠山市は特例を利用したがゆえに、財政破綻への道を突き進んでいった。特例債で、目に見える合併効果をアピールしたが、2007（平成19）年に、４年後の2011（平成23）年度に財政破綻する見通しを公表し、本格的なリストラに着手した。

葉上は「合併の飴には、食べ方によっては体を壊すほどの砂糖があったのだ」[18]と表現した様は、まるで、合併バブルとバブルの崩壊を彷彿させる。

こうした状況下、人びとの意識の変容も見られる。葉上は、市役所で唯一の分室である「草山分室」の閉鎖の話も取り上げた。

草山地区の住民自らが「住民で草山村役場を作ろう」という動きが出てきた。その理由は、市にはもうきめ細かな施策は求められない。地域のことは地域でできるよう草山独自の組織が必要だった。そして、地域のさまざまな団体をまとめる形で「草山郷づくり協議会」を結成した。こうして分室の事務を引き受けたのは、この協議会だった[19]と紹介している。

そのことは、まさに、住民自治の強化に向けて第一歩を踏み出したといえよう。

葉上が取り上げたもう一つの例は、昭和の４町合併によって誕生した大分県九重町である。一時、分町運動が起こるなど深刻な地域対立を抱えており、長く続いてきた「４分の１行政」がようやく一つになったばかりのため、同町は平成の合併をしなかった。

その同町では、中学校４校を２校にすることに対し時間をかけて議論した。地域を衰退させかねない統廃合に合意したのは、「合併しないと決めたのは自分達なのだから」という自覚だった。同じ学校統廃合でも、合併自治体では、住民と行政の距離が遠く、十分な議論ができないケースが多い[20]、と葉上は懸念する。

この二つのケースで明らかなことは、住民も変わらなければ、まちは変わらないということである。

また、兼村高文は篠山市について、「『擬似餌』を腹いっぱい食べてしまった自治体は容易にはダイエットできない状況にある」[21]としているが、葉上が書かなかった点について兼村の記述をもとに若干補足したい。

平成の合併が始まる前の1998（平成10）年４月27日に合併協定44項目すべての確認が完了し、合併協定調印が行われていた。合併がこれまでと異なり比較的円滑に運んだのは、議会側から合併の必要性について提起されたことが要因の一つでもあった。一方で、合併協議会は会議の傍聴を住民に一切認めなかった[22]という。

ところで、篠山市の「新市建設計画」〔期間は1999（平成11）年～2008（平成20）年までの10年間〕の10年後の人口予測は、2000（平成12）年時の人口４万6,325人に対し、６万人となっていた。ちなみに2010（平成22）年10月末現在では約４万5,000人である。

旧４町が想定した総合計画策定時の人口予測や新規住宅開発等による見込みなどから、６万人をはじき出しているようだが、この点はあまりにも甘い。歳入見通しにも影響するだけに、合併協議の際に軌道修正すべきであったことは否めない。

兼村は、将来ビジョンに基づく施策事業として合併特例債を多く活用してきたことと、過剰人口想定のツケが、“擬似餌”をたらふく食べた痕となったとしている。

合併の検証はこれで終わらないと考える。今回の平成の合併は、地域主権型社会を目指すものであった。その限りではそれが到達し得てはいない。

地域主権型社会の構築は、基礎自治体の体質改善も必要であるが、住民の意識の変容も伴わなければ成立しない。葉上が取り上げた、「草山」の例は、重要なポイントである。周回遅れのランナーが、ここに到達するまでには、特例債バブル、そして崩壊といういばらの道を通らなければならなかったかもしれない。しかし、難産ではあったが、「草山郷づくり協議会」を産み落としたことは、可愛いわが子を育てるように、これからの成長に希望を見出した。

ここからが勝負である。篠山市は、合併後に取り組んできた文化への取り組み事業が評価され、2009（平成21）年1月30日に文化庁から文化庁長官表彰（文化芸術創造都市部門）が授与されている。

篠山市が合併時に将来ビジョンとして掲げたのは、「輝かしい歴史と伝統を受け継ぎながら、緑豊かな自然を生かし、ゆとりと豊かさが享受でき、創造的な文化活動や産業活動が活発に行われる“人と自然の調和した田園文化都市”」であった。

兼村によるところの擬似餌をたらふく食べた結果の受賞であれば、皮肉な受賞であるかもしれないが、取り組みや受賞理由をみる限りそうではない。

合併してから10年経ってようやく文化の花が咲いた。以下、篠山市の文化事業の取り組に目を転じてみよう。

同表彰は2007（平成19）年度に創設され、文化芸術の力により、市民参加で地域の活性化に取り組み、特に顕著な功績をあげている市区町村に贈られるもので、2008（平成20）年度は全国で北海道札幌市、東京都豊島区、山口県萩市、篠山市の4自治体が受賞した。

自治会、NPO法人、文化ボランティアなど住民の手による保存やまちづくりが評価されている点に注目したい。

文化政策の効果が現れるまでには時間がかかる。もちろん人々の意識の変容にもそれなりの時間はかかる。長いものさしで合併を評価していくことも必要であろう。

同市の取り組みが評価された内容は、①文化財という本物が多く残されていることを最大限活かしたまちづくりを進めている。市域に広がるさまざまな文化財を総合的にとらえ、それらの一体的な保存・活用の在り方を歴史文化基本構想及び保存活用計画として策定する事業を市・市民・関係団体との連携のもとに取り組んでいること②篠山伝統的建造物群保存地区では、地元の自治会からなる「篠山まちなみ保存会」を組織し、まちの活性化を図るため、保存地区の保存・活用を積極的に推進しており、市・保存地区住民・市民団体等が強い連携のもと新たな活力を生み出していること③篠山チルドレンズミュージアム[23]では、学校施設を転用し、子どもたちの「生きる力」を育む拠点となる場所として、ユニークな活動を行うとともに、たんば田園交響ホールは「丹波方式」と呼ばれる文化ボランティアを中心とした活動を行うなど、市民の手によるまちづくりに努めていること④4町合併後による市制施行後、2008（平成20）年度に篠山再生計画（行財政改革編及びまちづくり編）を策定し、2009（平成21）年には丹波篠山築城400年祭を開催するなど、歴史文化遺産や基幹産業である農業に係る伝統や文化も活用した魅力あるまちづくりを進めていること——である。

以上見てきたように、篠山市が文化芸術創造都市部門で表彰を受けたのは、ハードのインフラ整備ばかりではなく、人や文化というソフトのインフラ整備を着実に育んできたからである。

周回遅れとなった篠山市の合併、合併しなかった大分県九重町は、いずれも昭和の大合併のしこりが、結果はどうであれ、平成の合併で生かされた形となった。

小森治夫は、平成の大合併の最中に、重要なことは、過去の市町村合併によって、地域がどのように変化したのかを検証して、合併のメリットとデメリットを明らかにすることである、として鹿児島県の笠沙・大浦の分村・独立問題を取り上げた[24]。

小森は、昭和20年代から30年代初めにかけて、発生した分村・独立問題は、合併だけでなく、住民の意志に基づいて独立できるシステムを確立することの重要性を示唆するものであるとし、次のように記述している。

1889（明治22）年、笠沙・大浦が属する川辺郡の旧加世田郷は、加世田村、東加世田村、西加世田村に分村した。

その後1923（大正12）年1月に、西加世田村は笠沙村（大浦地区が含まれている）に改称し、1940（昭和15）年11月に町制を施行している。

1951（昭和26）年4月、笠沙町大浦地区は大浦村として分村・独立することになった。

小森によれば、この分村・独立問題は、1949（昭和24）年2月28日の、請願書（大浦区民一同の名で笠沙町議会と町長あてに提出）から始まったとしている。

請願書の内容は、「笠沙町は地理的に区域が広く、行政上無理な点があるので、生業・風俗を同じくする大浦地区が分村し、理想的農村を建設したい」というものだった。

笠沙町議会は特別委員会を設置し、調査を付託した。意向聴取を行うなどの手続きを経て、本会議に諮ったが、分村請願の裁決は二度にわたって否決されたという。

数の論理で笠沙側の優位を崩せなかった大浦側は、同地区出身議員と部落駐在嘱託員の辞職で抵抗し、1950（昭和25）年9月、町議会は総辞職した。10月25日の出直し選挙で、13議席ずつを確保し、裁決に加わらない議長はくじ引きで笠沙側に回った結果、12月26日の臨時議会で「笠沙町境界変更並びに大浦村設置」議案を賛成13、反対12で可決という結果となった。

これを受け、小規模町村に疑問をもっていた鹿児島県ではあったが、住民意志を無視することはできず大浦村が誕生した。

こうして、請願の事由にある理想的農村を建設したいという住民の意志が自らの手によって叶えられたことになる。

では、同村は昭和の大合併をどのように乗り切ったのであろうか。小森は、この問題を後日談[25]として紹介している。小森によれば以下のとおりである。

1954（昭和29）年の鹿児島県の町村合併計画に対し大浦村では、村議会のリコール問題までに発展し、村長と村議会議員が辞職したという。

こうして村内は大きく揺れ動くことになり、村長、村議会議長が「現状維持堅持についての陳情」を県知事に提出するまでに至ったという。

大浦村が昭和の大合併を拒否した理由は、「現状維持堅持についての陳情」を要約した小森によれば、1889（明治22）年から1951（昭和26）年3月までの60余年の間、笠沙町と大浦村は同じ自治体であったが、同一自治体としての一体性が確保できなかった。その理由は、業態の相違、つまり大浦村は純農村、笠沙町は沿岸漁業に依存する漁村であり、貧弱な財政力しか持たない自治体では、農業と漁業行政の両立は困難であるため、住民感情の対立を余儀なくさせられた。今、県計画に従って合併すれば、今後は住民の自主的・積極的な参加・協力は得られない、というものである。

小森は、ここからくみとるべき最大の教訓は、合併問題については何よりも住民自治を徹底させることである。地方自治の根本問題について、地域住民の議論を重ね、最後は住民の意志を尊重することである。権力的な上からの合併計画の強制では、地方自治は育たない――とした。

総務省は、平成の合併の理由として、昭和の合併から50年が経過したという、時代の変化を挙げている。小森によれば、笠沙町と大浦村は60余年の間、同一自治体としての一体性が確保できなかったとしている。時代の変化に対しても、人の心は時の長さに流されないという重い事実がある。

しかしながら、平成の合併では、大浦町は、2005（平成17）年、笠沙町を含む、1市3町と合併し、南さつま市となった。

新田論文にあった地域主権型社会における基礎自治体のあり方を問うた平成の合併、住民自治の強化や重要性も今後の課題としたが、人々の意識の変容はどのようなプロセスをたどる必要があるのだろうか。

その答えの一つに、小森のいう住民の意志を尊重することがある。

意識の変容は、鹿児島の事例のように業態が異なるところの住民意識の構造、すなわち、歴史、風土、文化など単純に年数だけでは判断できるものではない。葉上が取り上げた篠山市の場合も周回遅れのランナーとなったのは、ただ年数だけが理由ではないということである。

葉上の取り上げた篠山市、九重町の両ケースは決して稀有なケースではなかろう。特に篠山市の場合は、周回遅れのランナーだったため、気づきが遅かったに過ぎない。ようやく気づいた「草山」の事例は、つけの代償は大きかったかもしれないが、これも平成の合併の一面であろう。

合併後のまちづくりは、選挙と違って当選したから首長が代わるというように、新しいまちに変わるものではない。合併後に起こりうる一連の流れは、来るべき社会の変容へのプロセスであり、地域主権型社会の形成過程でもある。

新しいまちを市民も行政も一緒になってつくるんだという共通の目的意識がなければならない。首長の職務はその両者に対して、いかに共通の目的意識を持たせるかという役割を担うことでもある。

筆者が文化政策の視点で平成の合併を論じようとするのは、長期的な視点に立ったものであるが、合併した市町村、しなかった市町村のいずれにおいてもスタート地点は同じである。むしろ、合併しなかったところの方が、文化を基底とした総合政策としての文化政策によってまちづくりを見直すことで、改めて確認できるというメリットもあるだろう。

---

13) 総務省市町村合併資料集　http:www.soumu.go.jp/gapei/gapei.html

14) おおむね、8,000 人以上という数字の根拠は、新制中学校 1 校を効率的に設置管理していくために必要と考えられた人口。

15) 新田一郎「合併推進から合併円滑化へ：『平成の合併』は一区切り」『地方自治』第 751 号、2010 年 6 月号、p.16-17. 掲載時の同氏の肩書は 総務省自治行政局行政課理事官・前合併推進課理事官である。

16) 同上、p.43-44.

17) 葉上太郎「『平成の大合併』篠山市の失敗」『文藝春秋』2010 年 4 月号、p.355.

18) 同上、p.361.

19) 同上、p.359.

20) 同上、p.361.

21) 兼村高文「第 5 章：合併特例債に踊った篠山市」町田俊彦編『「平成の合併」の財政学』公人社、2006、p.99-117.

22) 同上、p.102.

23) 特例債第 1 号であったが、運営の行き詰まりから 2009（平成 21）年度末の休館が再建計画で示され、2010（平成 22）年度からは別の事業会社が運営し再出発している。

24) 小森治夫『府県制と道州制』高菅出版、2007. および「市町村合併問題を考える」鹿児島県立短期大学地域研究所『研究年報』第 33 号、2002. に詳しい。

25) 小森治夫『府県制と道州制』高菅出版、2007、p.155-158.

第2章

対等の精神で実現した
浜松市の合併

第1節　浜松市の合併の歴史と近代化への歩み

浜松市の歴史は合併の歴史でもあった。1871（明治4）年の廃藩置県により、浜松は静岡県となったが、同年11月には遠州一円を管理する浜松県が設置され、1873（明治6）年には、現在の知事に相当する県令として林厚徳が着任している。

ところが、その3年後の1876（明治9）年に浜松県は廃止され静岡県に統合された。そして1889（明治22）年4月1日に町制が施行され人口1万3,624人の浜松町が誕生した。

平成の合併によって浜松市は12市町村が一つになった。もとはと言えば、旧12市町村が属する天竜川・浜名湖地域は、1871（明治4）年11月から1876（明治9）年8月まで、浜松県として同じ行政体であったという歴史を持つ。

町制が施行された年の9月1日には、東海道線が開通し、浜松駅が開業すると浜松の近代都市化の中核を担っていた遠州織物が急速に成長した。綿織物取引の中心が浜松駅近くに移ってきたからである。

このころ、ヤマハの創業者である山葉寅楠が山葉風琴製造所を設立し、オルガンの本格的生産に着手し、国産初のオルガンをイギリスに輸出している。1897（明治30）年には、同氏によって、日本楽器製造（現在のヤマハの前身）が創立され、1900（明治33）年にはピアノの製造にも成功している。

1904（明治37）年12月14日に白脇村の一部と合併し、1908（明治41）年10月1日には湯浅村の一部と合併した。そして、1911（明治44）年7月1日に市制が施行され、県下では旧静岡市に次ぐ2番目の市として誕生している。当時、面積は8.66㎢、人口3万6,782人だった。

1912（大正元）年10月1日には、富塚村の一部、1916（大正5）年5月1日には、曳馬村の一部、天神町村の一部と合併している。1921（大正10）年4月1日には天神町村と合併し、昭和の時代を迎える。

浜松市の産業は、日露戦争、第一次世界大戦を経て急成長を遂げていたが、1931（昭和6）年に55日間、同市で開催された全国産業博覧会という画期的な出来事により、商工都市としての浜松が全国に知られるようになった。

1936（昭和 11）年 2 月 11 日には、曳馬町、富塚村と合併し、1939（昭和 14）年 7 月 1 日には、白脇村および蒲村と合併した。

ところが、1941（昭和 16）年に太平洋戦争が開戦し、1945（昭和 20）年 6 月 18 日の浜松大空襲、7 月 29 日の遠州灘沖からの艦砲射撃など、27 回におよぶ空襲と艦砲射撃によって、旧市街地の大部分を焼失し、被災人口は全人口の 64%、戸数の 88%に相当した。

戦前の人口 17 万 566 人が、戦後の年の 9 月には半分以下まで激減していた。

1946（昭和 21）年には、文字どおりゼロからの産業復興が始まっていたが、最初に芽吹いたのが本田宗一郎によるポンポン[26] 第 1 号の誕生であった。

驚くべきことに、1950（昭和 25）年から 1953（昭和 28）年にかけて、40 社ものオートバイメーカーが競い合うほどの一大産業を作り上げるまでになっていた。

この中から世界的なメーカーへと飛躍したのが、ホンダ、スズキ、ヤマハ（現ヤマハ発動機）であった。もちろん、織物産業、楽器産業も見事に復活を遂げていたのは言うまでもない。

1949（昭和 24）年 4 月 1 日には、可美村の一部、同年 8 月 1 日には入野村の一部と合併している。入野村の一部の合併は、『浜松市史：新編資料編五』[27] によると、1949（昭和 24）年 3 月 5 日浜松市内中学校入学生徒並びに小学校在学生徒に対し、浜松市当局より 4 月以降の通学停止の発令があったところに端を発している。

浜名郡入野村蜆塚区は、地理的その他の点から勘案し当然浜松市に併合されるべき隣接地であり、この際速やかに浜松市への併合希望があった。こうして入野村蜆塚区は児童を浜松市内の学校に入学させるため、入野村を分離し浜松市への編入合併となった。

さらに、1951（昭和 26）年 3 月 23 日には、新津村、五島村、河輪村の 3 村と合併した。

『わが町文化誌：潮かおる　浜の里』[28] によると、新津村では、合併による利益は財政力の強化、役場費の節減、有為な人材の登用、地域内の活動能力の強化等が挙げられた。不利益となる点では、役所の位置の問題、住民の融和統一の困難、住民の要望の反映が不十分、税金が高くなる等の心配であったとされる。

合併を決議した新津村に反対ののろしがあがった。「村や市議会当局のやり方が住民の意志を無視している」と抗議したからであるという。

浜松市長が各部落を回り、浜松側の合併構想や合併に伴う新津村からの要望事項に対する市側の考えを示したところ、反対の気運は次第に消えていった。要望事項は、中学校建設、施設の改善、用排水施設、土地改良の実施、道路の完備等だったという。

同誌では、市側の合併構想はおもしろいと記述し、その構想について紹介している。天竜川に沿う河輪村を工場地帯に、五島村には天竜川河口に漁港を建設し、五島から新津にのびる延々 8 km にわたる海岸地帯には漁業を奨励する。新津村は西瓜の産地であるばかりか畑地が非常によいので浜松の田園地帯としての特徴を生かすようにするというのである。

これによって浜松市の人口は 16 万人台となり、当時の坂田啓造市長〔第 11 代・1947（昭和 22）年 4 月 16 日～ 1951（昭和 26）年 4 月 15 日〕の、町村合併によって人口 30 万人の中都市にするという構想に一歩前進したことになるという記述は、浜松市の戦略として興味深いものである。

27 回におよぶ空襲と艦砲射撃によって、旧市街地の大部分を焼失し、戦前の人口 17 万 566 人が、戦後の年の 9 月には半分以下まで激減していた状況を早くも回復し、息を吹き返した産業界のさらなる飛躍への土台作りが進められていたことになる。

このような戦後復興期の 1948（昭和 23）年に浜松市建築課に奉職したのが、東京工業大学で建築学を学び、後に第 19 ～ 23 代〔1979（昭和 54）年 5 月 1 日～ 1999（平成 11）年 4 月 30 日〕まで市長を務めることになる栗原勝である。

栗原は奉職の翌年 1949（昭和 24）年に、浜松市立図書館の建設に携わり、知識人に浜松の文化について助言を聞く役を任された。浜松在住の作家藤枝静男（故人）は「浜松は文化不毛の地といわれるが、けっしてそう見てはいけない。古い都市だからといって、文化があるわけではない。浜松に新しい創造を築いていけばいいんだ」と話し、「楽器の街から、音楽の街にしていくといい」とアドバイスした[29]という。

読みたい本も買えない、レコードもなかなか聞けない時代だ。献本運動を進めるため図書館のポスターを描き、リヤカーで本を運び、あちこちでレコードコンサートを開くなど、文字どおり手足を使って文化事業にかかわった経験から、栗原市長は、「単に建築物を建てればいいのではない。機能だけでなく、温かみのある文化が息づくような総合的な発想が必要だ」と痛感したという[30]。

「建物や都市計画の底流に文化志向がある街。浜松にそうなってほしいという思いは、私の内側で脈打っていました」という栗原市長の言葉は、廃墟の中で文化への乾きを感じていた市民の思いとも重なっている[31]。

この当時に、文化を基底としたまちづくりを総合政策にという思いは、やがて、1994（平成6）年のアクトシティ浜松の完成で開花することになる。戦後の荒れ果てた市街地を目の当たりにし、奔走した経験を持つ栗原元市長の在位は20年におよび、まちづくりに対する思いは筋金入りであった。

こうした状況下で、1953（昭和28）年、町村合併促進法が施行され昭和の合併が始まるが、1954（昭和29）年の市制記念日にあたる7月1日には、全国381市の中で、18番目の人口規模を誇るまでに回復していた。

その背景には、1954（昭和29）年3月31日の笠井町、長上村、和田村、中ノ町村との合併に続き、同年7月1日には、芳川村、飯田村、吉野村、三方原村との合併があった。

この合併も実に浜松らしい。合併する方もされる方も、WIN-WINの関係が成立している。

『わが町文化誌：三方原　赤土大地古戦場』[32]によると、このころ市周辺の町村では浜松市の豊かな財政力に魅力を感じ、市のお金が周辺部に降り注いでくるという“噴水効果”を考えていたという。ちなみに、三方原台地に水を引きたいという願いは三方原に住む人びとの長年の夢であり、1950（昭和25）年、国土総合開発法が制定され、天竜川の水力・林産・農産資源の総合開発が実施される運びとなった。1958（昭和33）年には三方原用水全体計画ができあがり、1962（昭和37）年2月18日、最終的には総事業費約170億円にのぼる世紀の大事業が開始された。1967（昭和42）年、国の幹線水路工事が終わり、秋葉ダムと三方原台地で通水式が行われた。

農業用水、工業用水、上下水道などを供給する三方原用水は三方原台地だけではなく浜松の産業の飛躍的な発展の基盤となった。浜松市は三方原村を手に入れたことによって、逆に噴水効果を得たことになる。

また、昭和の大合併で真っ先に手を挙げた町村の一つの笠井町は、『浜松市史：新編資料編五』によると、「合併に伴う笠井町の合併要望書」で次のような要望を出していることが記されている。

①笠井町建設（5カ年）計画を逐次実施のこと②郵政省特別借入金を1954（昭和29）年度において元利とも償還のこと③公営住宅の1953（昭和28）年度立替工事金を1954（昭和29）年度において支払うこと④工場誘致のため浜名自動車工業株式会社に工業振興特別助成金を交付すること⑤適当な工場を誘致すること⑥市心から幹直線道路を新設すること……⑭合併記念館（公民館）を新設すること……⑰静岡銀行笠井支店、笠井・豊西両農業協同組合、浜名信用金庫笠井支店を浜松市金庫に指定すること――など18項目の要望事項であったという。

浜松市がこうした町村の要望を受け入れていったのは、合併によって市域が拡大できれば工場や企業を誘致することができるという勢いがあったのであろうと思われる。

1955（昭和30）年3月31日には、都田村、神久呂村と合併している。

『わが町文化誌：都田風土記』[33]によると、「都田村は当時引佐郡であり、郡内町村どうしの合併が自然で、中川村・井伊谷村・気賀町などとの合併が進んで……急に引佐郡内への合併は中止せざるを得ない状態に……南隣の三方原村が……浜松市へ正式合併したからです。こうなれば当然都田村は浜松市へ直隣するわけで……村長に提言すると、村長も大乗り気で……議員の中には大浜松市へ合併すると増税になるだけで、北辺の都田への公共事業は少なく、市役所が遠く不便になると反対する人も……、説明会および村民の投票などを経て、全議員一致の合併決議にこぎつけ……」と当時の村会議員の村松仁氏の回想録を載せている。

合併を申し込んだ都田、和地、神久呂の３村は、浜松市議会全員協議会で、都田は山川や橋が多く、税収も少ないなどの意見で、合併案は否決されてしまった。都田村長はもちろん議員総動員で、市関係者に訪問活動を続け、第２回の全員協議会で、神久呂と都田の２村の合併が承認されたという経緯をもっている。その都田は、平成の合併によって旧引佐郡の３町と同じ北区になっているのは、歴史の巡り合わせであろうか。

後に、この都田はテクノポリス地域となり、先端産業の集積地として発展し大学も誘致されるなど、浜松市の経済基盤の一翼を担うまでに成長していることを思えば、先見性があったのであろう。

浜松の合併は常に市の発展に向けての戦略であり、産業界の経営戦略との両輪がうまく機能している証左といえよう。

1957（昭和32）年３月31日には、入野村、湖東村の一部と、同年10月１日には、積志村と合併している。

『わが町文化誌：積志の流れ　今むかし』[34] によると、1956（昭和31）年に施行された「新市町村建設促進法」により、交通、文化、経済等すべての点において共通性を有する浜松市と合併することが妥当との県知事勧告を受け、また、浜松市からも熱心な勧誘を受けるようになった。一部に反対はあったものの、部落ごとに懇談会を開催し、合併についての村民の理解と協力を求めた結果、合併やむなしとの結論に達したという。

この頃、人口では静岡市を抜いて県下第一の都市となっている。1955（昭和30）年の第８回国勢調査では、静岡市の人口29万5,172人に対し、浜松市は26万8,621人であったが、1960（昭和35）年の第９回国勢調査では、前者が32万8,819人に対し、後者は33万7,645人となった。

戦後からこの頃までの楽器産業は、復興、急成長と浜松市の市域拡大と同様目覚ましい発展を遂げている。

1947（昭和22）年には日本楽器、1948（昭和23）年には河合楽器が、ピアノの生産を再開している。学校教育に楽器が取り入れられたことで国内に新しい需要が生まれ、さらに海外へのハーモニカやピアノ輸出もスタートしている。1951（昭和26）年にはピアノの生産量は戦前の水準を超え、２年後には２倍、

1956（昭和31）年には3倍に急成長している。

工業振興を積極的に推進していた同市は、1960（昭和35）年に工場誘致条例を制定し、さらなる発展を図っていた。同年、湖東村、翌年には篠原村と合併している。

『わが町文化誌：湖と花と緑の里　いさみ』[35]によると、弱小の村予算では大きな道路や橋の建設、災害から守るための急傾斜地の防壁、学校建築などの大型の工事予算は、何一つできるものではなかった。このため、隣村との合併か、浜松市への合併かということで当時議論したが、まずは1956（昭和31）年に和地村と合併をした―― という。

こうして、伊佐見村と和地村が合併し、村名は対等合併から新たな名称である湖東村となった。この湖東村は翌年には一部が浜松市と合併し、4年後の1960（昭和35）年には、浜松市と合併しており極めて短命となった。

ところが、消えた湖東が復活することになる。『わが町文化誌：和の里　今むかし』[36]によると、1963（昭和38）年、新たに町名設定の運びとなり、それと同時に区画変更、新番地決定がなされ、湖東町を誕生させた。

この辺りまでが昭和の大合併としての区切りとなるが、その後平成の合併までに、1965（昭和40）年7月1日には庄内村、1991（平成3）年5月1日には可美村と合併している。

1964（昭和39）年には東海道新幹線が開通しており、5年後の1969（昭和44）年には東名高速道路が開通するなど、東京・大阪からの交通に便利な地理的メリットをさらに大きくする環境が整った。

さて、平成の合併の直近の合併となった可美村は、浜松市との合併問題は今回がはじめてではなかった。浜松市に隣接していた可美村は、合併問題は避けて通れなかったはずである。

『わが町文化誌：美しかる可き里』[37]によれば、過去3回の合併問題が起きていた。

第1回目は1941（昭和16）年2月24日、第2回目は1954（昭和29）年12月20日でいずれも浜松市より合併要請をしている。第3回目は1957（昭和32）年3月31日で県知事から浜松市へ合併促進勧告がなされている。

第１回目の合併要請の際には、村議会で満場一致（出席14名、欠席３名）で可決されたにもかかわらず、合併できなかったという経緯がある。

ではなぜ、合併できなかった（しなかった）のであろうか。

1939（昭和14）年３月：浜松市長招待による市町村合併に関する懇談会が開催され、白脇村、入野村、蒲村、可美村が出席している。

同年４月：議員、区長連合協議会で合併調査研究員会を設置することを決めている。

同年５月：市村調査研究委員会を開催し市村合併に関し賛成者大多数となるが、一部時期尚早を称するものもあり、当局調査研究不十分で一部中止と決している。

にもかかわらず、村議会の方ではその後も合併についての協議は続けていたようで、翌年11月には村議会を開会して、市村合併について遂行するための署名をしている。

1941（昭和16）年２月23日には区長会議を開催し、村長が経過報告をしている。翌24日に浜松市より正式に合併の要請があり、３月７日に村長が浜松市を訪問し受託の回答をしている。そして、３月13日には村議会において満場一致で合併を可決している。

ところが、２月24日に合併反対の決議書が字区長より村長宛に提出されており、３月19日には合併に反対して小学校児童の一斉休校が計画され、休校には至らなかったものの、正規の時刻には登校できなかった。

決議書による合併反対の理由は、「今回の合併に関しては、時局に鑑みその時期にあらず……」であり、同時に村長に対して不信任書が提出されている。

同誌によれば、当時の可美村の住民の３分の２以上は農民であり、資料から見る限りこの時期に、村長、村会議員と字区長や住民との間に十分なコミュニケーションがなされていなかったとしている。こうして、1942（昭和17）年３月、静岡県総務部長による却下通知があり合併は実現しなかった。

その後の２回については、その都度役場は各字で住民説明会を開催するが住民の賛同は得られなかった。

当時において、住民の意志に基づいて合併の可否を決めていたという点は特筆すべきことである。なぜならば、先に紹介した小森治夫の鹿児島県の笠沙・大浦の分村・独立問題の事例で指摘されている住民の意志が働いているからである。

こうした中、1957（昭和32）年に入野村、1961（昭和36）年に篠原村が浜松市に合併したため、可美村は市内の村という特異な存在となった。

知事の合併促進勧告から30年以上も経過した可美村にも同村を取り巻く環境は大きく変化してきた。1990（平成2）年に行った住民意識調査では、3分の2以上の人が合併に賛成している。環境の変化とは、通勤、通学、買い物、医療、文化、レクリエーションなどの日常生活圏が市村の垣根を取り払っていたことが挙げられる。

合併によって広域的な視点に立ったまちづくりをすることが期待できることから、1990（平成2）年12月15日には、浜松市・可美村合併協議会が設置され、翌年には合併に至っている。実に平成の合併の8年前であった。

1982（昭和57）年、都市機能を整備させてきた浜松市は人口50万に達していた。80年代後半には、一貫してものづくりにかかわってきた浜松の企業は、さらに将来を見越し、エレクトロニクスやメカトロニクスなどの先端技術にも目を向け始めていた。

一方、産業が技術革新を追求しているころ、90年代には心の豊かさを求める社会への関心が移っていく中で、浜松市は文化的施策を積極的に推進していくことになる。

1990（平成2）年のワルシャワ市（ポーランド）、翌年にはサンレモ市（イタリア）と、相次いで音楽文化友好交流協定を締結、1991（平成3）年には浜松国際ピアノコンクールの第1回大会も開催している。

産業界に追随するように行政も世界を目指していった。

1994（平成6）年には、日本初の四面舞台を大ホールに持つ本格的なオペラハウスであり、クラシックコンサートも演劇も、歌舞伎もできる多機能ホールとしてアクトシティが完成した。現在では静岡国際オペラコンクール、浜松国際ピアノコンクールの会場ともなっている。

昭和の大合併の最後となった可美村との合併から約4カ月後の1991（平成3）

年8月26日、アクトシティの官民合同起工式が浜松駅前で行われた。栗原勝市長（当時）は「アクトシティは国際コンベンション都市、音楽文化都市構想の推進拠点として、市民や世界に開かれた施設にしたい」と、誇らかに決意を披露した[38]。戦後の廃墟の中での経験から「単に建築物を建てればいいのではない。機能だけでなく、温かみのある文化が息づくような総合的な発想が必要だ」と痛感した思いが託された挨拶だったに違いない。

浜松アクトシティ外観

一方、経済界のトップであった当時の浜松商工会議所会頭の石津薫氏は、アクトシティの建設にあたって「浜松市はこれまで、工業製品づくりに特化した街として発展してきた。しかし、郷土をより住みよい街にするには、物づくりに加えて、文化面の充実がどうしても必要だ、と多くの人たちが考えるようになってきた。アクトシティ建設は、浜松市が文化をしっかりとらえようとする一つの形とも説明できる……浜松人というのは、根っからのまじめで、物をしっかり作って売れば、それで十分という気風が強い。よその人に来てもらって、お金を落としてもらおうということは、伝統にはなかったことである。しかし、今回はそういう点を見直して、新しい街づくりに向かわなければならないと思っている……浜松市民が不得意だったソフト面、文化面を高める得難い機会なのかもしれない。この動きを街づくりから人が行き交うコンベンションの街、文化の香り漂う豊かな街へと向かう第一歩にしたいものだ」[39]と心の豊かさ時代における文化の充実の必要性を語っている。

浜松市における90年代初頭の風景は、まさに心の豊かさの享受に向けての序章でもあった。

1996（平成8）年には、中核市へと移行している。以上概観してきたように、浜松市においては、明治の市制施行以来、1912（大正元）年の旧富塚村の一部編入を皮切りに、1991（平成3）年の可美村編入まで、実に17回の合併を繰り返している。その間、都市の財政基盤を支える産業界の成長が大きな牽引役となり都市の成長も見られた。こうした都市の成り立ちのもと、平成の合併を迎えることになった。

現在の浜松市は旧12市町村の合併の歴史をも引き継ぎ、ここに至っていることを考えると、浜松市の歴史は合併の歴史でもある。

ただし、明治と昭和の大合併と大きく違うのは、心の豊かさを求める社会への関心が移っていった時代を経験していることである。

序章で文化政策と文化の定義をした中で、文化は磁力を持つ、人や地域を成長させる力を持つと定義したが、浜松には「やらまいか精神」[40]という気質がある。

静岡新聞社編『アクトシティ物語』にこんなくだりがある。「人を集める、来させる発想をしよう―― アクトにはそんなコンセプトが明確にある（…中略…）浜松の人は、プロジェクトが走っているうちに集中力を持たせ、機能を発揮し始めれば需要も広がるはずだと考える。リスクに対する姿勢が静岡人とまったく違う／物事にはリスクがあり、勝つ人と負ける人は常に存在する。一方、失敗者には復帰のチャンスもある。こうした競争の原理が浜松には根付いている。恐らく繊維産業の町だったことが、リスクを負うことを恐れない気質と無関係ではないと思う」[41]と語るのは地域経済に詳しい田中孝治地域産業研究所所長である。

戦後の復興をいち早く成し遂げ、合併により市域拡大をすることによって、さらに都市と企業が成長するという好循環をつくってきた背景には、「やらまいか精神」という浜松人の気質があり、それも浜松をここまで大きくした文化の一つとも言えるのではないだろうか。

この「やらまいか精神」は、平成の合併にも引き継がれていくことになる。

第2節　合併までの道のりと背景

浜松市は、1991（平成3）年に可美村を編入したのが平成の合併の直前の状況だった。その20年前の1971（昭和46）年には西遠地区広域市町村圏の圏域を設置し、広域事務システム、交通・情報ネットワークシステムの整備など様々な共通課題の解決に向けて取り組んでいる。

この1971（昭和46）年の動きから12市町村合併〔2005（平成17）年7月〕までの動きを「浜松市合併までの歩み」としてまとめたものが本章末の資料2.1である。

1972（昭和47）年には、現在の天竜区に属する市町村が、北遠地区広域市町村圏協議会を設立している。その後、この協議会は不燃性ごみ処理施設の設置、管理及び運営に関する事務を共同で処理するため、1974（昭和49）年に北遠地区広域市町村圏事務組合に組織変更した。

こうした経緯から浜松市が今回の政令指定都市を目指す合併に至るには、2002（平成14）年7月の「環浜名湖政令指定都市構想」の発表まで待たねばならなかった。

そもそも政令指定都市を目指すという動きを最初に示したのは経済界で、その中でも浜松商工会議所が取り上げたのが、1988（昭和63）年だった。翌年には同所青年部が調査研究を開始し、1990（平成2）年には市民向けに『21世紀に向けての都市づくり～政令指定都市を目指して』というリーフレットを発行している。

一方、静岡経済同友会も1997（平成9）年開催の第5回同友会経済サミットで「浜名湖新都市圏」という考え方が提案されたのを機会に、1999（平成11）年の第7回の同サミットでは「政令都市」がテーマに加わり、一気に新しい都市づくりに進んだ。浜松市が政令指定都市構想を発表する5カ月前の2002（平成14）年2月には第10回同サミットで「（仮称）浜名湖（レイクハマナ）市」計画の策定を想定した研究会の設置を提言している。

浜松市が構想を発表した3カ月後の2002（平成14）年10月には北遠4町村が加わり、14市町村で「環浜名湖政令指定都市構想研究会」が発足している。

行政側の研究会は合併協議会を設立するまでに、区割り案（4案）や、都市ビジョンの「クラスター型政令指定都市」を実現する都市内分権、財政シミュレーション、行政サービス水準のすり合わせの基本方針を話し合い、2003（平成15）年9月に「天竜川・浜名湖地域合併協議会」を設置した。

行政の動きが出始めた2002（平成14）年11月、浜松商工会議所は「政令指定都市推進協議会」を設置し、同青年部を含めた活動を活発化させていく。

この動きに呼応するように、浜北、天竜、浜松の各青年会議所など他の経済団体も積極的に動き出している。

当初の環浜名湖政令指定都市構想に北遠地域が加わったことにより、川と湖を加えた「天竜川・浜名湖地域合併協議会」は、その後中心的な役割を担っていくことになる。

この合併構想は、前節でも見てきたとおり、商工都市・浜松の生き残り戦略、というよりむしろ拡大戦略を見据えたものであり、また、地域の青年会議所が呼応したのもそれぞれの地域が生き残りをかけた選択肢でもあった。

浜松地域は静岡県西部地域や遠州地域とも呼ばれる。西には大都市の名古屋が控え、東には県庁所在地で一足先〔2005（平成17）年4月〕に政令指定都市となった静岡市がある。さらにその先には東京（同90分）が控えている。これは東西の軸である。一方で、内陸部に向けた南北の国土軸として長野県境も併せ持つ新浜松市の地政学的な面がある。

東西軸は浜松にとって、大都市の狭間に埋もれてしまうという地政学的なデメリットを持つに等しかった。それらを補うためにも南北軸にも目を向け、成長し続けるためには都市間競争に打ち勝たなければならないという意識が芽生えることになる。

このことは、共通の課題を抱えた愛知県東三河地域と長野県南信州地域とともに広域的な交流を開始していたことでも明らかである。

1994（平成6）年には三遠南信サミットを開催し、1996（平成8）年には59市町村で県域を越えた「三遠南信地域交流ネットワーク会議」を組織している。東西の軸を南北にも伸ばそうという広大な計画であった。

現在は平成の合併によって、東三河地域が5市2町1村、遠州地域が4市1

町、南信州地域が1市3町10村の合計27市町村で構成されているが、人口は約230万人となっている。2006（平成18）年2月に第28次地方制度調査会の「道州制のあり方に関する答申」により、愛知、静岡、岐阜、三重の東海4県を同じ道州とし、長野県は別の道州に区分し、三遠南信地域を分断する区域例が提示された。

これを受け、同年秋の「三遠南信サミット in 東三河」において、同地域を分割することなく、一つの道州になることを求める決議を全会一致で採決している。

2008（平成20）年には道州制をはじめ、経済活動のグローバル化に対応した県境を越える産業競争力の強化、市町村合併による地域構造の変化に対応した広域行政の推進などを目的とした三遠南信地域連携ビジョンを策定している。

さて、経済界がなぜ合併し、政令指定都市になることを推進したのであろうか、もう少し詳しく見てみよう。

静岡経済同友会浜松協議会は、1975（昭和50）年10月17日、県西部地域の事業経営者および経営補助者をもって組織し、社団法人経済同友会の下部団体として設立される。

同協議会は、1993（平成5）年2月2日、第1回天竜川経済サミット（テーマ「地域振興ビジョンと交通ネットワーク」）を開催し、1996（平成8）年2月7日には、「県境を越えた都市連携」をテーマとして第4回を開催している。

第5回で「浜名湖新都市圏」という考え方が提案されたことを先に紹介したが、この回から同友会経済サミットに改称している。

2003（平成15）年2月13日開催の第11回では、「なぜ今、合併・政令都市を目指すのか」をテーマに浜名湖市構想を発表している。また、2005（平成17）年3月29日開催の第12回では、「政令市　新・浜松に向けた都市運営」をテーマとしている。

第12回開催にあたり浜松協議会の伊藤憲司代表幹事は、あいさつの中で「このような自然環境豊かな政令都市新・浜松市が、世界の都市間競争に打ち勝ち、世界に情報発信できる、世界から選ばれる都市として、さらに新・浜松市民にとって、世界で最も誇れる町として、市民一人一人がその豊かさを享受できるようなまちづくりをこれから推し進めていかなければならないと思います」[42]と述べていることでも明らかなように、世界を相手にものづくりの企業が集積する浜松では必然のことであった。

この時、来賓として祝辞を述べた北脇保之市長（当時）は、先述した浜松市が政令指定都市構想を発表する5カ月前の2002（平成14）年2月に第10回同サミットで「(仮称）浜名湖（レイクハマナ）市」計画の策定を想定した研究会の設置を提言したことについて、こう表現している。

「まさにこの同友会の経済サミットは、現在のこの地域の合併の本当に大きなきっかけをつくってくれたと言うことができます。よく例えにありますが、一滴の水がぽちゃんと落ちたのが、だんだん幅が広がって、大きなうねりとなり、波となっていくと。まさにその最初の一滴をつくり出したのが、この同友会の経済サミットだったと思います」[43]この一滴の水が落とされたのが浜名湖だったのかどうかは分からないが、平成の合併により、天竜川上流の浜松市北部から下流に位置する同市南部まで一滴の水が広がったことは、太平洋までの流れを指し、やがて海とつながる浜名湖まで、さらには長野県という南北軸まで拡大しようとする今日の様を見るとその勢いは凄まじいといえよう。

その一滴の水をどのように位置づけているのか、第12回同友会経済サミットでは、「これから新しい浜松市を担う市民たちに財政的負担を残すことなく、究極の行財政改革を実現させ、世界に羽ばたける都市づくりを期待するものです。そして『技術と文化の政令市』を標榜し、産業・行政・市民が一体となって取り組み、世界から選ばれる政令市とし、また昨今の道州制が論ぜられるなか三遠南信地域の中枢都市を目指すべきであると考えます」[44]と提言しているところからも、一滴の水が三遠南信地域まで拡大することを目指していることは明らかであろう。

浜松市の合併は、東西の軸はもちろん、南北の軸への拡大でもあった。三遠南信地域はその軸をさらに拡大したものであり、そこでの中枢都市となるためには、都市として最大の権限を持つ政令指定都市でなければならなかった。

もう一つ政令指定都市を目指す、いや、目指さなければならなかった原動力に、静岡市への対抗意識がある。ちなみに、静岡市は清水市との合併を経て、

2005（平成17）年4月1日には、政令指定都市に移行している。

浜松で第1回合併協議会が開催されたとき、「この合併というものを真摯に考えていこうと。そのときには、清水と静岡が一緒になって政令市になれるんだというような状況がわかってまいりましたものですから、『これは私ども浜松も負けちゃいかん』ということで……」[45]と協議会委員の意識の中にあったことは、合併をうまくまとめ、その先の政令指定都市を目指したいという思いがあったからに違いない。

第3節　合併協議会を支えた旧12市町村の職員

合併協議会は、合併後のまちづくりを示す新市建設計画の策定、合併の方式、新市の名称、市役所の位置、合併の期日をはじめ、行政サービスのすり合わせ、さらには政令指定都市移行に関する基本的な事項などについて協議を行うものである。

天竜川・浜名湖地域合併協議会は2003（平成15）年9月29日に設置されているが、委員は対等な立場で合併協議を進めていくために、12市町村の長、議長、学識経験者の1市町村3人（12市町村で36人）とし、さらに、大学教授や県職員など、市町村にとらわれない共通の学識経験者6人の計42人で構成された。

合併協議会には、12市町村の職員で構成する事務局が置かれ、合併協議会の事務を処理することになった。

この合併は12市町村が対等の精神で臨んだ合併であり、様々な思いでこの事務局に出向してきた人たちの意識の変容が、大きな鍵を握ることになる。

「合併は人である」というのが筆者の持論で、どんな形の合併であろうが、組織と組織の合併は、人の合併でもある。市町村合併は、自治体同士（組織）の合併という面と旧自治体の住民の心が一つになるという両面がある。

トフラー夫妻は、名著『富の未来』の中で、「問題がさらに複雑になるのは、二社以上の企業が関係していて、それぞれが社内に独自の時間の生態系をもっている場合である。同時化をめぐる対立のために、合弁などによる提携は一筋縄ではいかなくなるし、とくに合併の前後にはストレスが多くなる／二つの企業が合併した後に社内のリズムをあわせる作業は、時間とコストがかかり、関心がそらされ、業務が混乱し、そして、ただでさえ苛立っている人たちをさらに苛立たせるものだ。誰でも他人に急がされるのを嫌うし、逆に他人のせいで仕事が遅くなるのを嫌う。この点について書かれたものはほとんどないが、提携や合併の多くはまさに、同時化の苦痛が大きすぎるために失敗に終わっている」[46]と述べるほど、合併は組織と組織の文化の統合で困難さを伴うものだ。

このことを自治体に置き換えて言い表しているのが、先に紹介した総務省のこれからの基礎自治体の展望である。その中で、現実に住民サービスを提供する市町村としての行政運営パフォーマンスは、基礎的条件としての職員の体制、職員のモチベーション、そして職場の組織風土の良さによって決まる——としているのは合併市町村においてはなおさらのことである。

筆者は、一連の合併事案の中で人や組織の原点になるのは、合併協議会事務局であると思う。同協議会は合併によってつくられた最初の組織でもあり、事務局職員が感じたことが、新自治体（この場合は浜松市）の一体感につながり、やがて、地域住民に反映されていく大事な過程だからである。

当時の浜松市は中核市であり、最も人口の少ない龍山村の人口約1,200人から浜松市に次ぐ浜北市でさえ人口は約８万人だったことを考慮すれば（浜松市以外の市町村職員は、まずは中核市の職員となることであり、その先は浜松市の職員も含めて政令指定都市の職員となるということ）、人材育成と組織風土の構築が急務なことは容易に想像できることだった。

そこに、それぞれ出身母体の職員の存在がありその背後には地域住民がいる。そうした背景を背負った事務局職員の思いは複雑であったと同時に重責であったに違いない。

その思いから合併協事務局職員にインタビューを試みた内容を紹介する。天竜川・浜名湖地域合併協議会事務局に出向したのは、旧浜松市から20人、旧浜北市から３人、他の10市町村から各１人の、総勢33人だった。

この布陣を率いたのが現副市長の飯田彰一氏である。当時飯田氏は同協議会の事務局長兼政令指定都市推進部長であった。

筆者はこの合併協議会の事務局職員等20人近くにインタビューを行った。詳細は『地方行政』[47)]の連載記事に譲るとして、最初にインタビューに応じた飯田氏は、「最初は、合併がどのような形（になる）かも分らず、出向してきた各自治体の職員は『自分の町がどうなるか』に関心があった」と認めていた。しかし、「次第に、新市がどうなるか、どうすべきかに（関心が）移ってきた。みんな（出身自治体の）うえの方の意見とは違う側面も抱きながら前に進んできたものと思う。ある時点を過ぎてから次第に新市がどうなるか、前を見据えた考え方にいったと思う」と答えている。

事務局職員へのインタビューでは、①浜松市は懐が深い。リーダーシップの強さを感じた。新しい市を創るんだという一体感がある②パラダイムシフト（考え方の転換）というか、今後は住民の自主的な役割を大いに引き出し、自治組織を住民との協働でやっていくことができる（ための）礎が今回の合併だと思う③合併協は刺激の連続だ。地元の職員とのギャップがある。要は、町もわれわれ（合併協の職員）も、きちんと間違いない情報を伝えることが大切。この基本情報の伝達が住民意識を形成するはずだ④北遠地域など合併協を通じてさまざまな地域を回り、水（質）一つでも違っている。新市になった場合、それらを自分の市（の一部）として新たな発見をし、地域を知ることになる⑤都市型の新たな問題として、行政上の訴訟問題などこれまで経験のないことも想定される。住民や企業などと交渉する能力も要求されるだろう。自分を捨て、大きな実を採るという心構えが必要になると感じている⑥合併で感じることは、サービスメニューが豊富なため、スケールメリットがある。メニューが選べる。これがポイント（合併のよいところ）だ——などという事務局職員の本音を引き出すことができた。

筆者がインタビューをしたのは、合併協議会発足からちょうど一年を経過した時期でもあり、組織風土もできあがっていたころだった。

一連のインタビュー終了後、再び飯田氏のところを訪れた。浜松市のリーダーシップや合併協の事務局職員に対等の精神ということが刷り込まれており目が輝いていた。人はなぜここまで変われるのだろうという疑問から、事務局を取りまとめる秘訣は何かと問うた。

飯田氏は、「合併事務局も手づくりだった。人事に関して、合併協はこういう専門家が要るといえば、適切な人選を優先的にしてくれた。市長はじめ、この合併がいかに重要であるかがこの面でも表れている。住民のニーズが多様化している。理想から入って、どんどん議論する。徹底的にだ。このことが事務局職員に浸透していると思う」と答えている。

合併を支えた職員に意識の変容があったからこそ、この合併はうまくいったのであろう。合併は人だという理由はここにある。

この職員たちが、合併協解散後は各職場に配属される。その新たな職場で新しい組織風土の種を撒く、やがて地域に広がっていくのであろう。合併協事務局という組織に種の起源があったのであろう。

第４節　合併協議会で見えてきた新市の将来像

（1）合併協議会で決められたこと

2004（平成16）年12月10日、合併協定調印式のために合併協議会委員等363人、報道関係者、事務局職員67人の合計430人がオークラアクトシティホテル浜松の会場に集まった。2003（平成15）年10月6日に第1回天竜川・浜名湖地域合併協議会が開催されて以来、この日は第15回目に相当する日でもあった。第14回までに専門部会は280回、作業部会は807回に及んでいた。

12市町村長が合併協定書に署名し、静岡県知事と関係12市町村議会の議長による立会人署名が行われた。

合併協定書は、合併方式、合併の期日、新市の名称、新市の事務所の位置、財産の取り扱いのほか、新市建設計画まで実に33項目であった。

協定書の最初の合併方式では、地域住民の感情、地域の歴史や伝統を斟酌するということが宣言されたとも言える。その内容は、以下のとおりであった。

「合併の方式は、浜北市、天竜市、舞阪町、雄踏町、細江町、引佐町、三ケ日町、春野町、佐久間町、水窪町及び龍山村を廃し、その区域を浜松市に編入する編入合併とする。

ただし、合併後におけるまちづくりについては、対等な精神を持って臨み、各市町村それぞれ独自のまちづくりの歴史と伝統を尊重するとともに、一市多制度の導入など地域の個性を活かし、各市町村の今後の均衡ある発展を担保することにより、クラスター型政令指定都市の実現を目指したまちづくりを進めるものとする」[48] と謳われ、浜松市の合併について凝縮された文言である。

合併協定調印式の様子

2004（平成16）年2月10日開催の第5回合併協議会で、「編入合併」とすることが了承された。この了承において、上記のような但し書きがついた。編入合併であっても、精神面においてはあくまでも対等であり、決して吸収合併のような小が大に飲み込まれる合併ではないという11市町村の思いが込められている。

前節で紹介した合併協議会事務局職員にインタビューした際にも、このことが浮き彫りになっている。この精神こそが、12市町村の合併が成立した大きな要因であり、合併、政令指定都市移行後の今日の市政はもとより、区政においても活かされていることは特筆すべきことであろう。

さらに、この時「今後の協議における確認事項」として、次の内容が確認されている。

「合併方式を編入合併とする本協議の合意に当たり、編入される市町村の不安を払拭するために、対等な立場で協議を行っていくことを確認する」というものである。

なお、合併の方式に先立ち、下記の内容による決議案が委員から提案され、決議されている。

決議[49)]

1．あくまでも政令市の実現を目指した合併であること

①政令市となって行財政改革を断行し、県並みの財源と権限により地域の発展を目指すことが最大の課題である。従って、合併後の新市においては行財政改革を一層推進するために、官民のすみわけを明確にし、かつての土光臨調に代表されるような第三者機関による提言・監視体制を構築するなどの工夫が必要である。

編入される11市町村も、行財政改革を推進する考えで合併に臨むべきである。

②（省略）

2．対等の精神を踏まえた編入合併であることを具体例で確認すること

①事務事業のすりあわせや新市建設計画の策定にあたり、浜松市側が周辺市町村にあわせることに合理的理由があると思われる分野等については、合併方式にとらわれないで、あくまでも対等の議論と結論を保証する。

②（省略）

3．合併の期日[50)]

（省略）

以上決議する

2004（平成16）年2月10日
天竜川・浜名湖地域合併協議会

合併は究極の行財政改革と言われるが、この決議文の一丁目一番地は、行財政改革の断行を謳っている。12市町村の合併に対する強い思いが伝わる決議文である。また、2．①の事務事業すり合わせについては、同日の合併協議会で、約3,300の個別の事務事業のすり合わせが開始されている。地域固有の事業についても対等の議論と結論を保証すると謳っていることも特筆されるべきことである。

新市建設計画は、新市のまちづくりを総合的かつ効果的に推進していくため

の基本方針とともに、この方針に沿った施策や10年間〔2005（平成17）年度～2014（平成26）年度〕の事業計画を示したものである。

同計画で示された新市の将来像は、「豊かで美しい自然環境と、市民主体の活発な経済・文化・社会活動が共生する都市づくりを推進するとともに、都市内分権の実践により、各地域の均衡ある発展が望める、水と緑と光の中で新しい産業と文化が育まれる世界都市『環境と共生するクラスター型都市[51)]』の創造を目指すものとする」―― である。

この将来像を実現するために①自然環境との共生②産業の活性化③世界都市の実現④相互補完による魅力あるまちづくり⑤分権型のまちづくり⑥市民主体のまちづくり―― の六つを柱として、個々の施策を展開していくとした。

いずれの分野も文化政策の視点から見て重要なまちづくりの政策である。次項以降では、将来像の中で謳われている「世界都市」と「都市内分権」について取り上げる。

（2）浜松市が目指す世界都市とは

新市の将来像に世界都市という言葉が使用されている。また、先述の経済同友会の提言の中にも、世界から選ばれる政令市という言葉があった。浜松市内にあるグローバル企業は世界でも通用する都市の名前、都市のステータスが必要なのかもしれない。

例えば、浜松市に本拠地を置く企業が初めて海外に進出しようとする際、浜松といえばすぐにわかってもらえるような都市なら商談に入りやすいかもしれない。また、浜松国際ピアノコンクールを開催している都市といえば、親しみやすく信頼されるかもしれない。

国旗が掲揚されるピアノコンクール会場

北脇保之市長（当時）は、「世界都市は上海、ニューヨーク、東京ではなく、行政規模や人口が問題ではなく、世界に通用するものが何か一つあればという考え方だ。楽器製造の集積地であり音楽文化もあるという特色が浜松ならではの目指す世界都市といえる。哲学的というか世界を豊かにするようなものがあればそれは世界都市といえる」[52]と筆者のインタビューに答えたことがある。

筆者は浜松市に在住していたころ、「世界都市化ビジョン」〔2007（平成19）年度～2010（平成22）年度〕の策定にあたり、有識者懇話会の委員として携わった経験がある。同報告書は2008（平成20）年3月に企画部国際課が冊子としてまとめている。

最初の会議の際に、各委員の間で話題となったのが、「世界都市」とは何かという定義をめぐる問題であった。

その議論の結果、旧ビジョン〔2001（平成13）年度～2005（平成17）年度〕と少し変わった点がある。

旧ビジョンは、「都市の有する様々な特性を活かした市民や企業の活動が世界レベルに達し、世界の中で何らかの機能を担うとともに、技術や文化をはじめとする幅広い都市活動を世界に向けて発信し続けることのできる都市」となっていた。

新ビジョンでは、「都市の有する様々な特性を活かした市民や企業の活動が世界レベルに達し、世界の中で価値ある役割を担うとともに、技術や文化をはじめとする幅広い都市活動を世界に向けて発信し続け、世界の人々や情報が行き交い集まる都市」となった。

新・旧ビジョンの相違点は下線で示したように機能から価値ある役割の担い手へ、さらに、発信という一方通行ではなく人も情報も双方向に行き交い集まる都市となったところである。

旧ビジョンで世界都市を定義づけた際には、次のような二つの意味を紹介していた。

世界都市という言葉は、第四次全国総合開発計画1987（昭和62）年において初めて使用された。計画の基本的目標の項の中で、「国際化と世界都市機能の再編成」と題し、国際金融、国際情報をはじめとして、世界的規模・水準の都市機能── すなわち世界都市機能の大きな集積が予想され、世界的な交流の場としての役割が増大するとし、それに該当する都市機能は、東京あるいはニューヨーク、ロンドンのような世界的な大都市あるいは、大阪、名古屋などの中枢都市の果たす広範な諸機能の総体を指しているとした。

一方で、1992（平成4）年に当時の国土庁地方振興局がまとめた「地方都市の世界化戦略」では、地方都市レベルの小都市においても、演劇活動、イベント活動など特定の一分野、一部門などが世界的レベルに秀でていることによって、世界都市としての活動を行っている都市が多くみられ、今後の充実発展が望まれるとしている。

旧ビジョンは、これら二つのうち、後者すなわち、国土庁地方振興局のいう「地方都市の世界化戦略」を用い、世界都市としていることはいうまでもないが、経済同友会が切望する世界から選ばれる政令市というのは、何かに秀でているということに加えて、都市として安全・安心である、信用・信頼できるということが言えるのではないだろうか。

（3）都市内分権

合併後の浜松市のまちづくりにおいて、最も重要なものが都市内分権である。

浜松市は、「都市内分権とは、地域の個性を最大限に活かしながら、市民と行政が協働・連携することにより、市全体が発展する仕組みである」[53]と説明しており、①行政サービスの維持・向上②元気で個性ある地域③市民の意見を反映④市民協働の推進―― をもって、地域の活力で新市の均衡ある発展を成し遂げ、「環境と共生するクラスター型政令指定都市」の創造をしようというもの、と位置づけている。

次に、浜松市が都市内分権を推進する背景を整理しておこう。

①自己決定・自己責任のルールに基づく行政システムの実現に向けて

総務省は平成の合併の背景として、地方分権の推進を挙げた。つまり、1999（平成11）年に地方分権一括法が成立し、自己決定・自己責任に基づくシステムができあがっていた。浜松市にとってこのシステムを生かすには千載一遇のチャンスでもあった。

②対等の精神での合併を支える仕組みとして

合併のデメリットでも取り上げられた、周辺部が寂れる、伝統文化等が失われるという不安材料を払拭するためには、対等の精神で合併をまとめなければならなかった。当然そこには、言葉だけではなく、そのことを合併後も担保する仕組みづくりが必要であった。このことが、新市の将来像となった、地域の個性を尊重するという精神が盛り込まれた「環境と共生するクラスター型都市」である。

③地域主権改革の実現、住民自治の強化のための仕組みづくり

総務省の総括ならびに新田論文にもあったように、これまでのような地域における住民サービスを行政だけが支える仕組みは根本的に見直していく必要がある。地域にある様々な活動母体が一緒になって、行政と地域が協働を進めなければならない。

④合併による旧11市町村の消滅と政令市移行に伴う区政を踏まえた、住民自治への転換の必要性

自分たちの市町村がなくなるという現実に対応するためには、新市の組織の仕組みも大きく変えなければならなかった。都市内分権を確実なものとするための要は、地域自治組織である。旧11市町村に代わる身近な行政機関を設けることで地域完結型の事務事業の展開を目指す必要があった。

筆者なりに整理すると、以上４点において都市内分権を推進する背景があったといえよう。この組織内分権を浜松市は「浜松モデル」として位置づけているが、今回の合併が決してバラ色ではなく、厳しい行政経営を目の前にした立場と、浜松市の歴史にもあったように何としてでも都市間競争に打ち勝たねばならないという都市戦略との見方もできる。

そのことは、「市町村合併を経て政令指定都市へと（…中略…）厳しい行財政環境の下、人員や予算の量的な拡大を期待することは困難（…中略…）新市は、市民協働による地域自治の充実や地域課題を迅速、的確に解決できる仕組みの構築と効率的な行財政運営の調和を目指し、市民に身近な行政機関へ予算、人員、組織・機構等の経営資源を一体的に委譲する組織内分権（浜松モデル）」[54]でも明らかである。

浜松市における都市内分権は、地域自治組織の設置、組織内分権の推進および一市多制度の導入を三本柱として位置づけ、制度の構築を図っている。具体的に見てみよう。

一つ目は、地域自治組織であるが、この目的は①都市内分権の実現②住民自治の強化③住民の声の反映④市民協働の推進―― の四つである。

12市町村の合併により、合併前は219人だった議員が、合併後の法定上限数は56人（ただし、条例では54人としている）となることから、地域課題が行政施策へ反映されなくなるなど、市民の声が届きにくくなることが懸念された。そのために都市内分権を実現することで、市民に身近なところで課題解決を図る。また、政令指定都市移行後は、議員の選出は行政区ごとに行われるため、地域の意見を市政に反映させることもできる。

具体的な流れで見てみると、合併前は市町村があり、議会で予算等の重要事項を決定し、住民の意見も反映されていた。合併後は新市での議会の役割の他に、合併前の市町村単位に地域自治区が設けられたことにより、地域協議会でも住民の意見反映ができるようになった。

政令指定都市移行後は、市と議会（ただし、行政区ごとに選出された議員）に加え、地域自治区（ただし、旧浜松市域の一部と旧町が一つの行政区となった西区と北区はそれぞれ新たに浜松西と浜松北地域自治区が設けられ、浜松と浜北地域自治区は廃止）の制度によって地域協議会でも住民の意見が反映される仕組みとなった。

二つ目は、組織内分権であるが、目指すは「浜松版小さな市役所・大きな区役所」であり、その方針は①もっと便利に、より身近な行政サービスの実現②住民の声が活かされる柔軟な行政サービスの提供③組織・機構にとらわれない総合的施策の展開―― である。

特に文化政策的視点から捉えたまちづくりでは、③の組織・機構にとらわれない総合的施策を展開するという方針は非常に重要な視点である。

組織内分権のメリットは、事務を行う場所での権限と責任が明確であり、地域完結型の行政機関が目指せること、また、通常は合併によって市町村が遠くなってしまうが、旧市町村単位に地域自治センターがあり、区役所も配置できる点であろう。

次に、組織上の役割分担を見てみよう。

本庁は、一定の地域を対象とした区役所の業務を専門的な立場から支援し、総合性（区）と専門性（本庁）の調和のとれた組織・機構としての位置づけである。

区役所は、ここでは地域社会が抱える課題を的確に把握し、「地域のことは地域で決めて実行する」ことを原則としている。市民主体で行うまちづくりを推進する総合行政機関としての役割を担い、市長部局の事務以外にも、教育委員会などの事務をも含め、幅広い行政サービスを提供するとともに、地域課題への総合的視点での対応を行う。

地域自治センターは、区役所機能のうち、地域に関わる事務事業や身近な行政サービスを総合的に実施することを基本としている。地域固有の事務事業を実施する機関としての位置づけでもある。

組織内分権によって、地域固有の伝統文化や行事などが、それぞれのまちづくりや地域振興という名目で、総合的に存廃が議論され市民の合意のもとに実施されることになる。

三つ目は、一市多制度であるが、旧12市町村を一つの市にまとめるためには、非常に重要なキーワードとなった。市町村合併において、一般的には合併市町村の事務事業や制度などは合併時または合併後にすべての行政サービス水準を統一するのが原則である。

浜松市の場合は、新市建設計画で「環境と共生するクラスター型都市」を将来像としていることから、法により統一が義務づけられているものを除き、地域の伝統・文化・芸能、産業等に関する事業、その他の事業、行政サービス水準に各地域の実情による差異がある事業等については、他地域の住民の理解を得られる範囲で、その地域においてのみ存続させようというものである。

これらの事業の判定は、①旧12市町村の事務事業の洗い出し②事務すり合わせ（固有事業[55]、サービス差異[56]に分類）③合併協議会での承認・決定により一市多制度事業として認められる――のプロセスを経て合併時までにまとまっていた。

具体的な事業については、①地域の伝統・文化・芸能の育成、支援、地場産業の振興（健康まつり、各種スポーツ大会、納涼祭、花火大会など）②道路、地形、高齢化等の地域固有の事情・特性によるサービスの差異（スクールバス運行事業、過疎計画事業など）③受益と負担の関係が明白で、バランスが取れているもの（コミュニティ防災センター整備事業、浄化槽設置補助金事業等）④地域住民との関係で築き上げられた事務執行の手法（原材料支給事業、学校給食事業など）⑤その他（簡易水道事業の基金など）――に分類できる。

浜松市役所

合併によって小さな自治体が大きな自治体に飲み込まれてしまう、伝統文化・芸能などが失われてしまう、地域の結束が希薄になるなどの懸念がつきものだったが、それらを克服する仕組みが都市内分権といえよう。

---

26) 旧陸軍の無線機の発電用小型エンジンを自転車に取り付けて走らせようと思いつき、1947（昭和22）年に売り出した。これが国産オートバイの始まりと言われる。

27) 浜松市編『浜松市史：新編資料編五』浜松市、2008.

28) 浜松市立新津公民館・わが町文化誌編集委員会編『わが町文化誌：潮かおる　浜の里』浜松市立新津公民館、1995.

29) 静岡新聞社編、前掲書、1994、p.170.

30) 同上、p.170-171.

31) 同上、p.171.

32) 浜松市立三方原公民館・わが町文化誌編集委員会編『わが町文化誌：三方原　赤土大地古戦場』浜松市立三方原公民館、1994.

33) 浜松市立都田公民館・わが町文化誌執筆編集委員会編『わが町文化誌：都田風土記』浜松市立都田公民館、1994.

34) 浜松市立積志公民館・わが町文化誌編集委員会編『わが町文化誌：積志の流れ　今むかし』浜松市立積志公民館、1990.

35) 浜松市立伊佐見公民館・わが町文化誌編集委員会編『わが町文化誌：湖と花と緑の里　いさみ』浜松市立伊佐見公民館、1997.

36) 浜松市立和地公民館・わが町文化誌編集委員会編『わが町文化誌：和の里　今むかし』浜松市立

和地公民館、2000.
37) 浜松市立可美公民館・わが町文化誌編集委員会編『わが町文化誌：美しかる可き里』浜松市立可美公民館、2005.
38) 静岡新聞社編、前掲書、p.40.
39) 静岡新聞社編、前掲書、p.196-197.
40) やろうじゃないか、しましょうかという遠州地方の方言で、「あれこれ考え悩むより、まずは行動しよう」という進取の精神を表わすものと言われる。
41) 静岡新聞社編、前掲書、p.194.
42) 静岡経済同友会浜松協議会『第12回同友会経済サミット：政令市　新・浜松に向けた都市運営報告書』2005.3.29、p.3.
43) 静岡経済同友会浜松協議会、前掲書、p.4.参照。
44) 同上、p.22.
45) 同上、p.32.当時の浜松商工会議所会頭であり、合併協議会の委員も務めた中山正邦氏の発言。
46) トフラー、アルビン；トフラー、ハイジ『富の未来：上』山岡洋一訳.講談社、2006、p.103.
47) 山北一司.連載、「合併協を支える市町村職員の思い（上）:『対等の精神』や『新市の将来像』が絆に、天竜川・浜名湖地域の取り組み」『地方行政』時事通信社、2004.11.15号.連載、「合併協を支える市町村職員の思い（下）:中心市は一歩引くのがベター、資料作りが一枚岩へのきっかけに」『地方行政』時事通信社、2004.11.18号.
48)「合併協定書：平成16年12月10日」天竜川・浜名湖地域合併協議会の1ページに記載。
49) 年号は、西暦を加えた。「天竜川浜名湖地域合併協議会だより」天竜川・浜名湖地域合併協議会、2004.3 Vol.③、p.3.
50) 2004（平成16）年5月19日開催の第8回合併協議会で合併の期日が、2005（平成17）年7月1日に決定。同時に、2007（平成19）年4月の政令指定都市移行を目指すことを確認。
51) クラスターとは、ぶどうの房のこと。一つ一つの粒が連なって一つの房を形成しているように、個性豊かな伝統や特性を持った地域が集まって、互いに尊重しあいながら一つの都市を形成していることをイメージしている（浜松市新市建設計画、用語解説より）。
52) 山北一司『演心香』文芸社、2010、p.154.（インタビュー内容を記載）。
53)『都市内分権と地域自治区』（浜松市合併協定書別添資料）天竜川・浜名湖地域協議会、2004.
54) 浜名湖地域協議会、前掲資料、組織内分権（浜松モデル）の推進、はじめに、を参照。
55) 地域の事情や客観的な事実、伝統・文化・芸能、産業等の固有性に基づくもの。
56) 事務事業について、住民負担、サービス内容などに差異があるもの。

資料2.1　浜松市の合併までの歩み

年	月	関係市町村等の動き	経済団体等の動き
1971 (S46)	–	西遠地区広域市町村圏の圏域を設定（浜松市、浜北市、湖西市、舞阪町、新居町、雄踏町、細江町、引佐町、三ケ日町の３市６町）し、西遠地区広域市町村圏協議会を推進母体に、広域事務処理システム、交通・情報ネットワークの整備、教育・文化、医療・福祉、産業、コミュニティ、自然環境の保全など共通する課題の解決に向けて取り組んだ。	
1972 (S47)	–	天竜市、春野町、佐久間町、水窪町、龍山村の１市３町１村が、北遠地区広域市町村圏協議会を設立。	
1974 (S49)	–	不燃性ごみ処理施設の設置、管理及び運営に関する事務を共同して処理するため、協議会を組織変更し「北遠地区広域市町村圏事務組合」を設立。	
1988 (S63)	–		浜松商工会議所が政令指定都市問題を初めて取り上げる（講演会開催）。
1989 (H１)	–		浜松商工会議所青年部が政令指定都市の調査研究を始める。
1990 (H２)	–		同青年部が市民向けリーフレット『21世紀に向けての都市づくり～政令指定都市を目指して』を発行。
1991 (H３)	–	北遠地区広域市町村圏は、自治省より「ふるさと市町村圏」に指定され「ふるさと北遠振興基金」を創設。	西部100万都市圏シンポジウムを開催(同青年部)。
1992 (H４)	–		浜松商工会議所青年部は、近隣商工会青年部との「西部100万都市圏を考える会」を発足、広域的なまちづくりの研究を推進。
1994 (H６)	9	浜松市を中心とする県西部地域６市14町２村の22市町村は、地方拠点都市地域の整備及び産業業務施設の再配置の促進に関する法律（地方拠点法）に基づく「静岡県西部地方拠点都市地域」として県知事の指定を受け、静岡県西部地方拠点都市地域整備推進協議会を組織。	同青年部は『広域連合都市構想～県西部100万都市圏をめざして』をテーマに講演会を開催。
	–	三遠南信サミット開催	

1995 (H７)	−		浜松商工会議所青年部創立10周年を記念し、県西部だけでなく三遠南信地域をも一体とした広域的なまちづくりのため『政令指定都市を目指して〜21世紀へ向けての都市づくり〜』と題した提言書をまとめた。
1996 (H８)	−	愛知県東三河地域、長野県南信州地域とともに、圏域59市町村で県境を越えた「三遠南信地域交流ネットワーク会議」を組織した。	
1997 (H９)	−		静岡経済同友会の「第５回同友会経済サミット」で、「浜名湖新都市圏」という考え方が提案される。
1999 (H11)	−		第７回同友会経済サミットで、「政令都市」がテーマに加わり、その後の議論の方向性は一気に新しい都市づくりに進むことになった。
2000 (H12)	−		浜松商工会議所青年部は国家中央集権から地方分権、政令指定都市政策が進む中、地方が主導権を握る「地方主権」を目指した提言書『さあ、21世紀、浜松の進むべき道を求めて！』をまとめた。
2001 (H13)	−		第９回同友会経済サミットでは、静岡県西部地域全体が特色ある豊かで快適な市民生活を享受するとともに、世界から選ばれる都市づくりの実現を目指した議論が交わされた。
2002 (H14)	2		第10回同友会経済サミットで「(仮称)浜名湖（レイクハマナ）市」計画の策定を想定した産・学・官による研究会の設置を提言。
	5		静岡経済同友会は､「政令指定都市「浜名湖市」構想策定研究会」を発足し、８回にわたる調査・研究を重ねた。
	7	17日浜松市が「環浜名湖政令指定都市構想」を発表。同構想は、浜名湖を取り巻く浜松市､浜北市､湖西市､天竜市､舞阪町、新居町、雄踏町、細江町、引佐町､三ケ日町の４市６町の枠組みで､県並みの権限と大きな財源のもと、より一層の市民サービスの向上と将来にわたる地域の発展が望める政令指定都市の実現を目指そうというものであった。	

2002 (H14)	10	7日、上記構想に春野町、佐久間町、水窪町、龍山村の北遠4町村が加わり、14市町村で「環浜名湖政令指定都市構想研究会」が発足した。	
		30日には同研究会主催の講演会を開催。	
	11	6日開催の第2回研究会では、14市町村の行政課題や主要プロジェクトの現況把握など、サービスの比較などを行った。	地域の総合経済団体として政令指定都市の実現に向けた環境の醸成を積極的に推進することを目的に、浜松商工会議所「政令指定都市推進協議会」が設置。
	12	10日開催の第3回研究会では、区割り案（4案）が提示､都市ビジョンの「クラスター型政令指定都市」を実現する都市内分権の具体案を検討。	
2003 (H15)	1	9日開催の第4回研究会では、合併した場合と合併しない場合の財政シミュレーションを検討。合併、政令指定都市のメリット・デメリットなどを市町村別に確認。	浜松市の市民グループ「浜松都市環境フォーラム」では、1985年以降、21世紀における浜名湖都市圏の未来像を市民・県民の立場から研究してきた成果をまとめ、「浜名湖百年計画提案書～政令指定都市をめざした浜名湖都市圏のグランドイデザイン」と題した提言書を発表。
	2		静岡経済同友会の研究会が『政令指定都市・浜名湖構想』を発表。
		10日開催の第5回研究会では、財政シミュレーションを最終確認、行政サービス水準のすり合わせの基本方針について検討。	22日、浜松、浜北、天竜、浜名湖の4青年会議所でつくる「広域まちづくりを考える会」は、広域合併について考えるシンポジウム「地域主権の分権のあり方と将来像」を開催。同時に4会議所が合同で行った街頭アンケート（住民1,200人）の結果を発表した。合併に関する初めての大規模アンケートだった。
	3	11日開催の第6回研究会では、これまでの研究成果をまとめた報告書案について意見交換し、最終報告として完成することを確認。	浜松商工会議所青年部は、浜松市の政令指定都市構想を受け、政策提言書を取りまとめ、「浜名湖ダイヤモンドクラスター都市」構想を発表。
	6	10日、研究会に参加した14市町村のうち、湖西市を除く13市町村で、法定合併協議会設置に向けた「合併協議会設置準備会」を設置（新居町は8月に離脱）。	

2003 (H15)	7		浜松商工会議所「政令指定都市推進協議会」は、政令指定都市実現に向けて合併推進を求める提言書を浜松市長に提出。
	8		浜北青年会議所は20日、天竜川・浜名湖地域合併協議会設置準備会に参加の13市町村による法定合併協議会設置を求める住民発議の直接請求を行った。請求に必要な有権者総数の50分の1を上回る2,796人分の有効署名を集め、浜北市長に提出。浜北市は議会に合併協議会設置議案を提案するかどうかを問う「協議書」を他の12市町村に発送したが、同日新居町が不参加の意向を表明したため、この発議は事実上効力を失った。
		12市町村は8月26日から9月29日までの間に、地方自治法第252条の2項1項及び市町村の特例に関する法律第3条1項に基づく合併協議会設置議案が12市町村議会で議決された。	天竜青年会議所は“北遠は一つ”であるという認識を持とうと「北遠の明日を考える会」を発足、8月から隔月に、関係機関への提案に向け、新市の中での北遠地域の存在意義について活発な意見交換等を行っている。
	9	29日「天竜川・浜名湖地域合併協議会」が設置され、同日告示、12市町村長がそろって静岡県知事に設置届を提出。	浜松青年会議所は、環浜名湖地域が政令指定都市を目指すことが必要不可欠であると考え、7月から8月にかけ、政令指定都市実現に向けた合併の促進を求める署名活動を実施しており、15,591人分の署名簿を浜松市長及び市議会議長宛の要望書として提出。
	10	第1回合併協議会は6日に開催され、合併協定調印式（第15回）までに2004（平成16）年11月12日開催の第14回までが開催された。	天竜青年会議所は29日、「北遠の明日を考えるシンポジウム」を開催し、メンバーがパネリストとなり、課題や将来展望を語った。
2004 (H16)	3		浜松商工会議所「政令指定都市推進協議会」は、産・学・官・市民の4者の“共創”による21世紀の循環型社会モデル都市とするための具体的な提言を行った。
	9		18日、浜松青年会議所は市民フォーラム「自立型交流都市　浜松」を開催。
	12	10日、12市町村の議会議員や一般傍聴の市民を前に、静岡県知事と静岡県議会議員を来賓として、天竜川・浜名湖地域合併協議会委員による合併協定調印式が開催された。第15回合併協議会に相当。	

2005 (H17)	1	7日、12市町村長が静岡県庁を訪れ、県知事に対して廃置分合申請を行った。	
		11日、静岡県知事は総務大臣に対して廃置分合に関する協議を行った。	
		16日付けで総務大臣から県知事宛に合併に異議がない旨の回答があった。	
	3	静岡県議会は2月定例議会に天竜川・浜名湖地域12市町村の配置分合議案を上程し、18日に原案どおり可決された。	
		22日、静岡県知事は18日の県議会の議決を踏まえ「平成17年7月1日から天竜市、浜北市、周智郡春野町、磐田郡龍山村、同郡佐久間町、同郡水窪町，浜名郡舞阪町、同郡雄踏町、引佐郡細江町、同郡引佐町、同郡三ケ日町を廃し、その区域を浜松市に編入する」処分の決定を行った。同日、12市町村に対して、県知事から決定書が交付された。	
		24日、静岡県知事から総務大臣への配置分合処分の届け出が行われた。	
	4	18日、総務大臣により「平成17年7月1日から天竜市、浜北市、周智郡春野町、磐田郡龍山村、同郡佐久間町、同郡水窪町，浜名郡舞阪町、同郡雄踏町、引佐郡細江町、同郡引佐町、同郡三ケ日町を廃し、その区域を浜松市に編入する」旨が告示され、同地域の合併が正式に決定した。	
	6	30日には、浜松市を除く、11市町村で閉庁式が開催された。	
	7	1日、新浜松市が誕生。	

出所：浜松市編「新『浜松市』誕生　天竜川・浜名湖地域合併の記録」を基に筆者作成

第３章

「ひとつの浜松」の実相

第１節　新型政令指定都市“はままつの実相”とは

浜松市とはどんな都市であろうか。

旧12市町村の個性は合併によって失われたわけではない。旧12市町村の個性がそのまま引き継がれ、政令指定都市では七つの区が誕生した。表３.１では旧12市町村が７区にどのように再編されたのかを示したものである。また、図３.１は浜松市の行政区を示したものである。

浜松市は、都市の分類では政令指定都市である。横浜、名古屋、神戸、京都などかつての政令指定都市のイメージを一変させた。これが、平成の合併の一面でもある。

表３.１　浜松市の行政区の変遷

	面積（㎢）	人口（人）		旧市町村⇒区への変遷	面積（㎢）	人口（人）	地域自治区	人口（人）
浜松市	256.88	582,095	⇒	中区	44.23	241,356		
浜松市			⇒	東区	46.29	127,860		
浜松市			⇒	西区（旧浜松市の一部）	114.40	114,466	浜松西地域自治区	84,311
舞阪町	4.63	11,787	⇒	西区			舞阪地域自治区	11,736
雄踏町	8.15	13,889	⇒	西区			雄踏地域自治区	13,859
浜松市			⇒	南区	47.02	103,491		
浜松市			⇒	北区（旧浜松市の一部）	295.59	95,111	浜松北地域自治区	43,322
細江町	34.18	21,281	⇒	北区			細江地域自治区	22,072
引佐町	121.18	15,103	⇒	北区			引佐地域自治区	14,559
三ケ日町	75.65	16,118	⇒	北区			三ケ日地域自治区	15,873
浜北市	66.64	84,905	⇒	浜北区	66.51	91,486		
天竜市	181.65	23,747	⇒	天竜区	944.00	34,058	天竜地域自治区	22,122
春野町	252.17	6,414	⇒	天竜区			春野地域自治区	5,866
佐久間町	168.53	6,008	⇒	天竜区			佐久間地域自治区	5,337
水窪町	271.28	3,723	⇒	天竜区			水窪地域自治区	3,103
龍山村	70.23	1,236	⇒	天竜区			龍山地域自治区	1,093
合計	1511.17	786,306			1558.04	807,828		

出所：『新「浜松市」誕生：天竜川・浜名湖地域合併の記録』等により作成。
注１）地域自治区の人口は2005（平成17）年国勢調査による。
注２）2010（平成22）年３月、浜名湖の境界が確定し、46.87㎢の面積増。

大西隆は、「政令指定都市＝大都市＝人々が集まって暮らす都会イメージは、三大都市圏の政令指定都市などに当てはまるとしても、最近指定されたところはどうも様子が違う。新潟市、静岡市、浜松市などは、大都市という性格と同時に過疎地を含む農山漁村も包み込んだ、いわば国土の縮図のような都市である」[57] と述べ、初めて国土縮図型大都市（政令指定都市）という言葉を使っている。

国土縮図型大都市といわれる浜松市は、『2010 浜松市勢要覧』によれば、外国人登録者数の国籍別内訳[58] は、ブラジル人が全体の 52.4％を占める 1 万 4,959 人、次いで中国人が 3,242 人（11.4％）、フィリピン人が 3,081 人（10.8％）などで、総数 2 万 8,525 人となっているなど外国人集住都市[59] でもある。

また、国際音楽コンクール世界連盟[60] には、国内六つのコンクール[61] が加盟しているが、その内の二つ（静岡国際オペラコンクールと浜松国際ピアノコンクール）がここ浜松で開催されるという音楽のまちでもある。

図３.１　浜松市の行政区

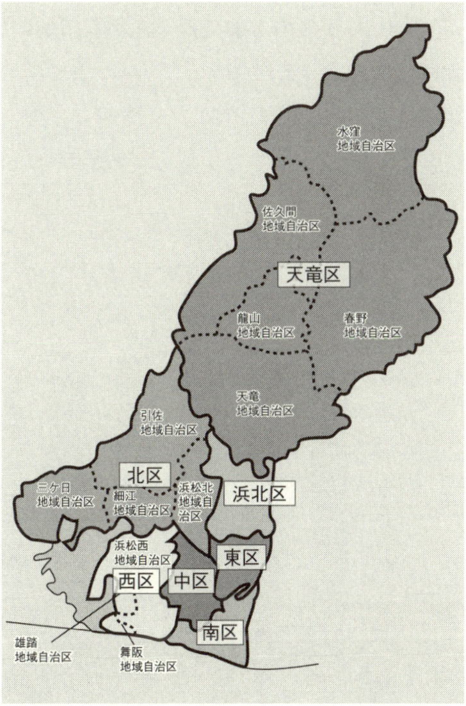

出所：『新「浜松市」誕生：天竜川・浜名湖地域合併の記録』

浜松市は 2005（平成 17）年に 12 市町村が合併し、2007（平成 19）年 4 月 1 日には政令指定都市に移行している。面積 1558.04㎢（図 3.1 参照）は、都市では高山市（2179.35㎢）に次ぐ二番目の広さを有する。ちなみに、東京都は 2187.09㎢、大阪府は 1893.73㎢。人口は約 80 万人の都市である。

地域自治区は、旧浜松市の一部が旧町と合わせて一つの区になった場合は、新たに地域自治区を設け、旧浜北市は単独で浜北区のため、地域自治区はなし。基本的には旧町村単位で設けている。

また、『2010 浜松市勢要覧』によれば、図3.2のとおり製造品出荷額等は、政令指定都市ランキングで第6位の2兆8,921億円で、その内訳は、図3.3のとおり輸送用機械器具製造業が圧倒的に多く、情報通信機械器具製造業、電気機械器具製造業、電子部品・デバイス・電子回路製造業などとなっている。

浜松市がものづくりのまちとして発展する過程において重要な意味を持つ出来事として、1888（明治21）年9月1日に東海道線浜松駅が開業し、1912（大正元）年11月1日に紆余曲折はあったものの鉄道院浜松工場（現JR東海浜松工場）が開業したことが挙げられる。

軽工業中心だった浜松にとって官営の大工場が建設されたことの、意義は大きかった。

一方、図3.4のとおり農業産出額においては、全国市町村ランキングで総合第4位の540億円となっている。内訳としては図3.5のとおり、チンゲンサイ、ミカン、キク、肉用牛、メロン、茶、鶏卵などがあるが、中でも品目別

図3.2　製造品出荷額等・政令指定都市ランキング　（単位：億円）

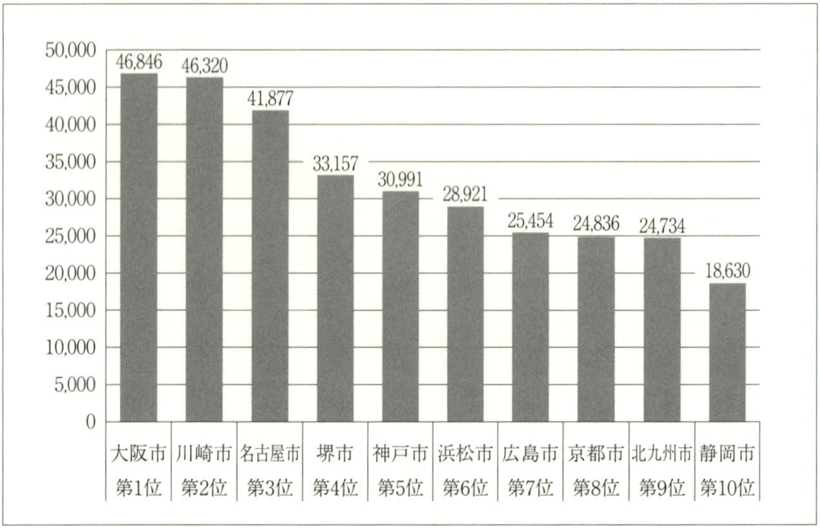

出所：『2010年浜松市勢要覧』により作成（素データは2008年大都市比較統計年表）

図3.3　浜松市の製造品出荷額等の内訳　（単位：百万円）

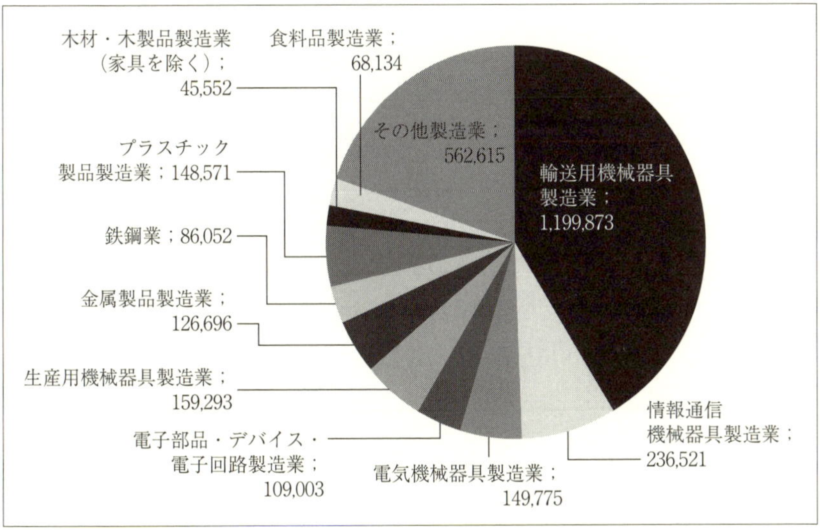

出所：図3.2と同様

図3.4　農業産出額・全国市町村ランキング　（単位：億円）

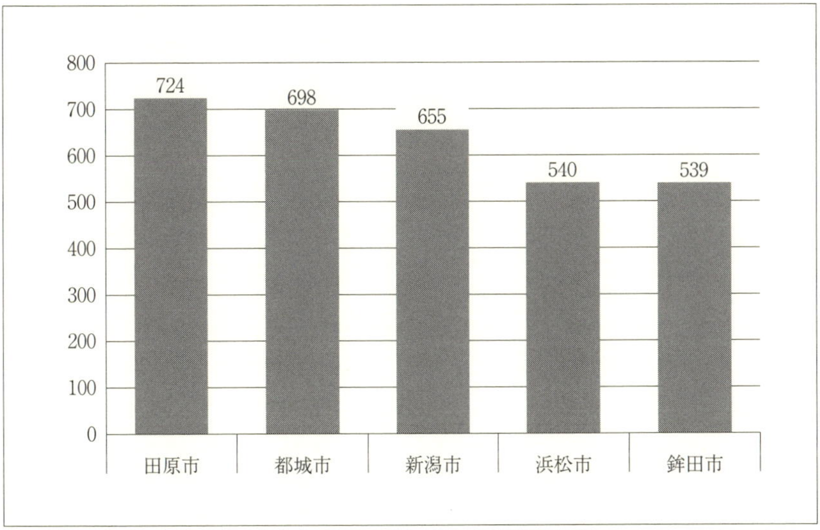

出所：『2010年浜松市勢要覧』より作成（素データは、2006年農業所得統計）

図3.5　浜松市の農業産出額の内訳　（単位：千万円）

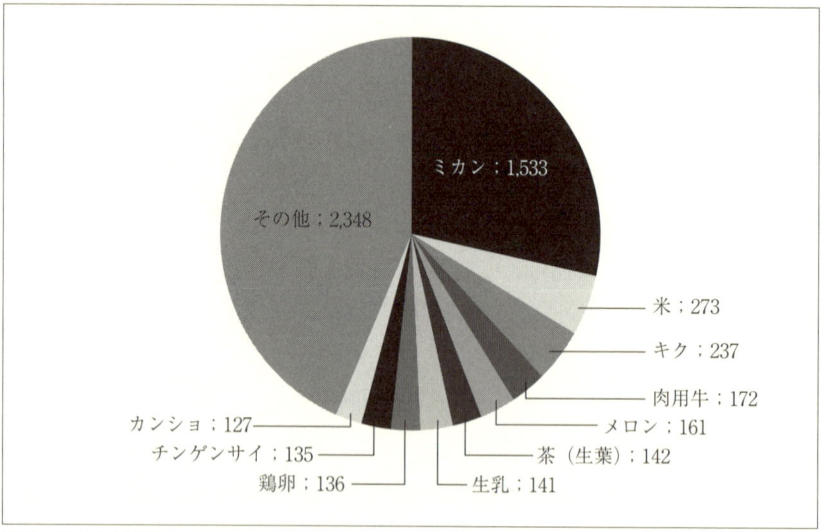

出所：図3.4と同様

ではチンゲンサイ、ミカン、ガーベラが第1位である。

ガーベラは、特に浜名湖沿岸に位置する舘山寺・庄内地区での栽培が盛んである。また、チンゲンサイは100％ハウス栽培で、浜松や浜北地区で栽培が始まり北遠地区にも普及している。

この他にも、林業や漁業（アサリ類、シラス、クロダイ・ヘダイ、フグ類など）がある。

自然、観光資源、イベント、特産品等数多くある中で筆者の勝手な判断であることを予めお断りし、その一部について多面相である浜松をご理解していただくために紹介させていただくことをお許し願いたい。

自然の面では、浜名湖、天竜川、中山間地域の風光明媚な景観、太平洋に面したところでは中田島砂丘、弁天島など自然が豊富である。

街中では、市役所に隣接した浜松城が挙げられるだろう。徳川家康公が17年間にわたり居を構えたところで、歴代城主の多くがのちに幕閣に登用されたことから「出世城」と呼ばれている。

食べ物では、何といってもうなぎ、ミカン、浜松餃子、春野や天竜のお茶も有名である。

観光資源としては、奥浜名湖、舘山寺温泉などがあり、イベントとしては5月の連休に行われる浜松まつり（御殿屋台、中田島砂丘で行われる凧上げ）は圧巻である。

さらに、北遠地区等の伝統芸能が加わり、観光資源の重厚さも増している。

中田島砂丘での凧上げ

長野県と静岡県の県境となっていた天竜区水窪町（旧水窪町）では、長野県飯田市南信濃と「国盗り綱引き合戦」が1987（昭和62）年から毎年10月に行われており、ユニークなイベントとして知られる。「遠州軍」と「信濃軍」が領土をかけて戦うもので、3本勝負で勝った軍が「国境」の標識を1メートル移動することができる。ちなみに2010（平成22）年の第24回までの通算成績は12勝12敗となっている。

国盗り綱引き合戦の「国境」

佐久間ダムは電源開発が管理する重力式コンクリートダム（高さ155.5m）で、日本屈指の巨大ダムであり、ダムによって形成された人造湖は佐久間湖と命名され、天竜奥三河国定公園（ダムそのものが浜松市天竜区と愛知県北設楽郡豊根村にまたがっている）に指定された、観光地でもある。

佐久間ダム

このように浜松市は、実に多面相である。

第２節　浜松の合併を象徴する「ひとつの浜松」

前節で、浜松市を多面相であると書いた。多面相ではあるが、もちろん実態は一つである。

浜松市の合併は先述のとおり12市町村という市町村数に加え、面積（当初は日本で最大の面積を誇る都市だったが、岐阜県高山市が最大の都市として誕生）でも全国２番目という大型の合併であった。

このことは、前節でも述べた多面相にも関連するが、中山間地域と都市部という産業構造の違うところが一つになるという点からも、この合併は「一市多制度」という“一つの体ではあるが多面相的”な様相を呈していた。

しかしながら、以上のことは外面的なことである。合併は人と人、組織と組織が一つになるということである。それぞれ個々の文化を内包している。この合併が「対等の精神」でと強調されていたのも実はそのことを指しているのであろう。

そこで、本節では浜松市の合併を「ひとつの浜松」という言葉をキーワードとして紹介し、浜松の合併を象徴するものであることを論じてみる。

“一つになる”という言葉はいかに重い言葉であろうか。

心が一つになることと、合併で一つの市になることとは、巧妙に使い分けをしなければならなかった。自分たちのアイデンティティを捨てて、新しい自治体と一つになりなさいとも聞こえるからだ。そのことは、先述したとおり昭和の合併の教訓でもあった。

旧12市町村が、対等の精神で合併に漕ぎつけたものの、最初からこの言葉を拠り所として進めていたらまとまるものもまとまらなかったかもしれない。

合併によって、住民の心が“一つになる”ことを誰しもが願う。ところが、額面どおり一市一制度に統一されるという意味での“ひとつになる”と言えば、多くの人は、地域固有の伝統や文化や地名が失われる、中山間地域はますます寂れていくという、いわゆる合併のデメリットとして挙げられた話に直結させてしまうだろう。なぜなら、それらはアイデンティティの喪失にほかならないからである。

制度には補助金や公的な料金などさまざまなものが含まれる。当然のことながらそのことに対する不満が予想され、一方で提示される合併のメリットもふまえ、利害関係者は天秤にかけるだろう。合併＝損得勘定という図式が合併に対する拒絶反応を生じさせるという最悪のケースである。

これまで述べてきたように、浜松市は新市の将来像として「環境と共生するクラスター型都市」の創造を目指した。その実現を目指すための都市内分権の３つの柱のうちの一つが、旧12市町村の固有制度を尊重する「一市多制度」であった。

同制度は、「一つの市になっても、旧12市町村固有の制度は必要に応じて残しますよ」というものであり、合併のデメリットや不安に対する最大級の配慮の言葉であった。

後段、文化政策関連の事業でも検証するが、地域固有の事業がこの制度によって残されることになった。

浜松市は、数の論理に奢れることなく対等の精神と一市多制度の導入によって、旧11市町村との合併に至った。ところが、早くもこの「一市多制度」に揺るぎが生じ始めたかのような出来事があった。2007（平成19）年４月１日の政令指定都市移行を挟んで行われた浜松市長選挙である。現職の市長は、合併の実績「一市多制度」によるまちづくりの推進を掲げ、３選目を目指していた。

選挙は、対立候補として共産党系の候補と、無所属で経済界が推す新人候補の三者であったが事実上、市を二分する一騎打ちであった。

この選挙戦は、「一市多制度」を掲げた現職市長と「ひとつの浜松」（一市一制度が基本）とする新人候補の戦いで新人候補の鈴木康友氏が勝利した。

鈴木康友候補が掲げたマニフェストは「新しい浜松をつくる３つの基本姿勢と７つの挑戦‼」で、基本姿勢は①こども第一主義（２）②くらし満足度向上計画（２）③‘07浜松改革元年であった（３）（カッコ内は７つの挑戦数）。

２番目のくらし満足度向上計画の中に「3. 住みやすさナンバーワンの『ひとつの浜松』」が掲げられていた。

具体的には①「一市多制度ではなく、一つの制度に。」市民の声が直接市長までとどく、一体感のある「ひとつの浜松」をつくる②「ひとつの浜松」にはいくつもの違う制度を残しても混乱や不公平感を招くだけ、行政サービスは合併した新浜松市の全ての地域で一律でなくてはならない。そのうえで、地域の個性を活かすための特例措置が必要なところには、その理由付けをはっきりと示す③地域協議会と区地域協議会の二重構造を解消し、自治の仕組みをシンプルにする―― などが鈴木候補の主張だった。

市長に就任（5月1日付）後間もない時期に、鈴木康友市長にインタビューする機会を得た。『地方行政』に「連載、浜松市、この市のかたち・ゆくえ」[62)]を執筆するため市長と7区長へのインタビューを行った。

「一市一制度を原則に地域の特性を生かす」[63)] と見出しを付けた最終回の市長インタビューで、「都市内分権は尊重していきたい。地域性とか地域特性のカラーは尊重していく必要があると思う。それ（地域性の尊重）とそれぞれの地域がエゴをぶつけ合うというのは意味が違うと思う。一つの浜松（というと）、全部を一色に塗りつぶすという感覚を持たれる方もいるが、そうじゃないと。合併して一つの浜松というものをまずは一体感を持ったまちを意識してもらいたい。当然それは地域の持つ特性というものは生かしていきたい」と市長の主張する「ひとつの浜松」について見解を述べた。

鈴木康友市長のマニフェストの中の「ひとつの浜松」について、もう一つふれておこう。

「老人も子供も、山間地も中心部も、浜松生まれもブラジル生まれも、障害のある方も健常者も、浜松に住んでいる人はみな『ひとつの浜松』の市民です。『共助と共生』の考え方に基づき、住みやすさナンバーワンの浜松を実現します」と、外国人の受け入れ環境の整備など多文化共生のための政策を実行してきた浜松の一面もある。

鈴木市長は、就任後初となる2008（平成20）年度の施政方針演説で、「私は、『共生、共助でつくる豊かな地域社会』をスローガンとして掲げ、『ひとつの浜松による一体感のあるまちづくり』を目指して、市長に就任しました」と述べ、市政運営上公式に「ひとつの浜松」という言葉を使った。

さらに、より具体的なものとして実行するための方向性の一つ目として、

「広大な市域において、市民の意識のうえで『ひとつの浜松』を実感していくためには、都市のアイデンティティの確立が不可欠であります。都市部や中山間地域など、どこの地域に暮らしていても、希望が持てる愛すべき浜松を確立して参りたいと思います」と力強く語っている。

市長へのインタビューでも明らかなように「ひとつの浜松」とは、一体感を持ったまちを意識することである。

一市多制度から「ひとつの浜松」へと言葉は変わったが、マニフェストにもあったように「地域の個性を活かすための特別措置が必要なところには……」というように基本的なスタンスは変わらない。

何よりも都市内分権という仕組みが堅持されている以上、地域完結型の組織内分権に揺るぎはないであろう。

---

57) 大西隆「国土縮図型大都市（政令指定都市）の誕生」『地域開発』、第511号、2007.4、p.62-63.

58) 2010浜松市勢要覧より：資料は市民生活課のもので2010（平成22）年4月1日現在。

59) 南米日系人を中心とする外国人住民が多数居住する都市。2010（平成22）年4月現在28市で外国人集住都市会議を設立し活動している。2001（平成13）年5月浜松市にて第1回会議、同年10月には同市にて公開首長会議を開始し、外国人住民との地域共生に向けた「浜松宣言及び提言」を採択している。

60) The World Federation of International Music Competitions（WFIMC）、1957（昭和32）年設立、本部はスイス・ジュネーブ。

61) 浜松以外には、仙台国際音楽コンクール、武蔵野国際オルガンコンクール、大阪国際室内楽コンクール、神戸国際フルートコンクールが加盟。

62) 山北一司．連載、「浜松市、この市のかたち・ゆくえ」『地方行政』時事通信社、2007.5.24、5.28、5.31、6.4、6.7、6.11、6.14、6.18、6.21.の9回連載。

63) 山北一司、前掲誌、6月21日号（第9回、最終回に当たる）。

第4章

文化政策を取り巻く諸要素

合併というのは、文化政策によるまちづくりにとって大きなチャンスでもある。浜松市がこれまでも積極的に取り組んできたのは音楽振興を中心とする文化政策で、国際コンクール開催のような世界を目指すのもその一つであった。

楽器の街・浜松の宿命であったのかもしれない。平成の合併は、音楽振興を中心とした音楽文化を新市域となった全市域に広めるチャンスともいえる。一方で、中山間地域に多く存在する伝統文化も同じように全市民の共有の財産とすることでもある。

そのことはまるで、ピアニストで浜松国際ピアノコンクールの審査委員長を務めた中村紘子氏が、ピアノコンクールがなぜ浜松で開催されたかについて、「どこの自由主義の街でピアノコンクールをやるのにふさわしい街があるかといったら浜松しかないんです。明言してもいいというぐらいはっきりしている」[64]と答えているのに等しい。

個々の市町村や地域にあった地域の文化は、一つの市になることによって、新しい文化が生まれる可能性がある。合併による新市建設計画はまちづくり計画でもある。行政や地域が抱える諸問題に文化政策という視点からアプローチできる絶好の機会でもある。

本章では、文化政策を取り巻く諸要素について、さまざまな角度から考察を試みたい。

第1節　合併前後の文化政策の変動要素

平成の合併の期間〔1999（平成11）年4月～2010（平成22）年3月〕は、文化庁にとっても我が国の文化芸術においても大きく変動していた期間でもあった。

1999（平成11）年7月16日公布、2001（平成13）年1月6日施行の文部科学省設置法は、中央省庁再編による国の大きな組織改編であった。同時に、同法では、文化庁の任務について、「文化庁は、文化の振興及び国際文化交流の振興を図るとともに、宗教に関する行政事務を適切に行うことを任務とする」と規定し、新たに「国際文化交流の振興」が明記されることになった[65]。

この組織改編により、同庁には国際課が設置された。

2001（平成 13）年には、文化芸術の振興に関し基本理念が定められ、施策の総合的な推進を図ることを目的とする文化芸術振興基本法〔2001（平成 13）年 12 月 7 日公布・施行〕（本章末資料４.１を参照）が制定された。

その後の国立文化施設等の組織改編[66]、独立行政法人制度の導入[67]、市場化テストの適用議論[68]など国の文化行政をめぐる変動要素が目立った時期でもあった。

では、浜松市に目を転じよう。合併を文化政策の視点で捉えた場合、表４.１はその周辺にはどのような変動要素があったのかを分析したものである。ただ

表４.１　浜松市の文化政策の変動要素

	組織	首長	合併	区のあり方	行革審	指定管理	ビジョン	その他
2001（平成 13）年	文化スポーツ振興部文化政策課	北脇保之					3月文化振興ビジョン制定	
2002（平成 14）年	↓	↓						
2003（平成 15）年			合併協議会					
2004（平成 16）年			↓					
2005（平成 17）年			7月1日12 市町村合併	クラスター型	第1次行革審が8月スタート	制度導入		4月に（財）アクトシティ浜松運営財団と（財）浜松市文化協会が事業統合し、（財）浜松市文化振興財団となる。
2006（平成 18）年								
2007（平成 19）年	生活文化部文化政策課	5月1日～鈴木康友	4月1日政令指定都市移行		第2次行革審が8月スタート		新ビジョン策定委員会	浜北振興公社は目的別の財団法人は1市1法人の原則に基づき、合併協議会の調整方針に従い、3月末をもって解散し、文化振興財団、体育協会、公園緑地協会と再編統合した。
2008（平成 20）年	↓	↓		ひとつの浜松		3年契約更新開始		浜松市と遠州鉄道が共同出資して設立した第三セクター「浜松都市開発㈱」が運営していた浜松駅前に立地する「フォルテ」が、行革審などからの収益性への疑問等に応え、同社を解散、フォルテを解体することを決定。
2009（平成 21）年					第3次行革審が10月スタート		3月文化振興ビジョン改定	

出所：浜松市文化政策課提供資料により筆者作成

し、項目として挙げた変動要素は、浜松市文化政策課の所管である芸術文化の振興などの政策を進めるうえでのものであり、広義の意味での文化政策ではない点に留意する必要がある。

分析にあたっては、合併、区のあり方を中心部に据え、周辺の諸要素を加味するという形式をとった。

浜松市における文化政策の変動要素を①組織②首長③合併④区のあり方⑤行財政改革推進審議会⑥指定管理者制度の導入⑦文化振興ビジョン⑧その他に分類した。

変動要素のうちの③の「合併」については、本論の主テーマであるためほかの章の記述を参考にしていただきたい。また、⑧の「その他」については、ほかの要素間で相互に絡んでいる問題でもあるため、重なり合う部分を分類しており以下の説明では省略している。

（1）組織

2005（平成17）年7月の合併時には、文化・スポーツ振興部（文化政策課とスポーツ振興課）だったが、文化振興と生涯学習の二元執行体制の見直し等により生活文化部による一元執行体制とした。これにより、生活文化部には旧文化・スポーツ振興部の2課のほか、教育委員会の所管だった生涯学習課、文化財課、博物館、美術館、図書館などが加わりそれらを所管とする部署となった。

現在の文化政策課の主な業務は、①文化芸術及び音楽文化の施策の企画、調整及び実施に関する事項②文化を担う人材の育成に関する事項③アクトシティ浜松、楽器博物館等に関する事項④財団法人浜松市文化振興財団との総合調整に関する事項―― である。

同組織は、1991（平成3）年に設置された音楽振興課からの流れを汲む。

市の組織を本章末の資料4.1の文化芸術振興基本法に当てはめてみると、次のようになる。

文化政策課は音楽、舞台芸術・パフォーマンス活動系の振興セクションで、第8条と第9条で規定する分野をカバーしているが、第8条のうち、美術・写真などは博物館法の関連から文化財課の所管となっている。同課は第10条の伝統芸能の継承及び発展と第13条の文化財等の保存及び活用の分野をカバーしている。

一方、生涯学習課は第11条の講談、落語などの芸能振興、第12条の茶道、華道、書道などの生活文化と囲碁、将棋その他の国民娯楽など、第14条の地域における文化芸術の振興—— である。

文化政策の二つの要素（地域文化と芸術文化）は、文化政策課と文化財課および生涯学習課の3課に分かれるのは文化芸術と文化行政のカテゴリーの不一致であるが、少なくとも市レベルでは生活文化部の一元執行体制になったという点では前進であろう。

組織内の連携により総合政策としての文化政策の範を示す好例となることを期待したい。

（2）市長選

2005（平成17）年7月1日の合併時の市長は、編入合併のためそのまま任期を遂行し、2007（平成19）年4月に初の選挙を迎えた。同年4月1日には政令指定都市へ移行し、初代政令指定都市の市長には現職の北脇保之氏が就任したものの、4月末の任期切れに伴い政令指定都市移行前後は選挙戦の最中という状況だった。

12市町村の大合併を成功させ、現職3選目有利と言われる中での選挙だったが、僅差で新人の鈴木康友氏が勝利した。

選挙は、北脇氏は「クラスター型」の都市内分権（一市多制度）を進めていくことで中山間地域の支持を得ようとし、一方の鈴木氏は「ひとつの浜松」（一市一制度）にすべきだと主張、また、スピード感のある行財政改革を掲げるという中での戦いだった。

鈴木市長は、2008（平成20）年度の施政方針で「ひとつの浜松」を使い、この時点でクラスター型、一市多制度という言葉は使用されなくなった。

2011（平成23）年3月27日、浜松市長選が告示され2期目を目指す現職の鈴木康友市長が無投票で再選された。浜松市長選での無投票当選は48年ぶりであり、政令指定都市としては初めてであった。

（3）区のあり方

合併当初は、中山間地域を含む合併でもあり、個性ある地域が失われるのを防ぐため、一市多制度を残し徐々に一体化していく絵を描いていた。そのために都市内分権を取り入れた。旧12市町村ごとの地域協議会、7区ごとの区協議会を設けることで合併時のソフトランディングを図った。

区のあり方を「クラスター型」と「ひとつの浜松」に分類したのは、都市内分権という仕組みづくりの進め方に影響を与えるもの（例えば、地域協議会を廃止し、区協議会に一本化するなど）だからである。

7区には個別の将来像が掲げられ、その将来像に向かって一体感が醸成されるという方向性が示されている。

都市内分権の一つの柱である組織内分権が目指す「浜松版小さな市役所・大きな区役所」の実現によって、組織・機構にとらわれない総合的施策が展開できるという機能を持つことは、文化政策に関する地域の固有事業など、区単位の総合的な施策の中で展開されるということでもある。

（4）行財政改革推進審議会

2005（平成17）年7月1日の合併直後に当たる8月5日、「浜松市行財政改革推進審議会条例」が浜松市議会において可決された。こうして第1次行財政改革推進審議会（以下、行革審と表記）が発足した。何故そんなに急ぐ必要があったのだろうか。

第2章第4節で決議文が出されたことを紹介した。その決議文の一丁目一番地は、「合併後の新市においては行財政改革を一層推進するために、官民のすみわけを明確にし、かつての土光臨調に代表されるような第三者機関による提言・監視体制を構築するなどの工夫が必要である」であった。

こうして、経済界からの委員を中心に市政に対し真っ向から切り込んだ。本庁、外郭団体などありとあらゆる問題に対して、市政のムダを厳しく追及し、一層の行財政改革を求めた。

公開で行われた審議会は、2006（平成18）年３月に答申を行った。答申では、2007（平成19）年には政令指定都市を目指している。目指すべき最大のテーマは、「今後、どうやって新市が自立し、生き残るか」であるはず。背伸びやぜい肉で大きく見せる発想から抜け出し、都市間競争の時代の考え方に切り替えるべきだ。「小さく筋肉質な政令指定都市」を目指すべきだ—— とした。

第1次 浜松市行財政改革推進審議会

また、合併に対する姿勢の面では、合併に浮かれ、ムダな事業を増やせば、それはすぐに破綻の道を転げ落ちることになる。このことは市関係者だけではなく、ともすると「行政におねだりしてきた」私たち市民も肝に銘じなければならない—— と、市民にも釘を刺した。

第１次行革審（会長・鈴木修：スズキ株式会社取締役会長、委員９人）は、2005（平成17）年８月５日に発足し、第１回目は、８月21日に①所管の事務概要②区役所の規模—— の二つをテーマに開催。最終回は2006（平成18）年９月24日に①浜松市行政経営計画の取組状況②その他—— の二つがテーマとなった。

市が行革審に対し諮問した内容は、合併に続き2007（平成19）年４月１日の政令指定都市の実現を目指す観点から、将来にわたり、安定的で自立した行政主体にふさわしい行財政運営システムを構築するため、①職員給与及び定員管理等に関すること②企業会計及び特別会計に関すること③外郭団体に関すること—— の３点だった。

第２次行革審（会長・鈴木修：スズキ株式会社取締役会長、委員10人）は、2007（平成19）年８月17日に発足し、第１回目は、８月29日に①行財政改革についての基本方針②第１次行革審の実績報告と第２次行革審の進め方③その他—— の三つをテーマに、最終回は2009（平成21）年７月10日に①行革審の工程表②意見書～究極の行財政改革を求めて—— の二つをテーマに開催された。

政令指定都市移行後に鈴木康友市長によって審議会に諮問した内容は、「新しい浜松の改革元年」を実践していくために、スピードのある徹底した行財政改革による政策実現が必要となることから、将来にわたり、安定的で自立した行政主体にふさわしい行財政運営システムを構築するため、市の行財政運営全般にかかる改革として①補助金に関すること②外郭団体に関すること③戦略計画の進行管理に関すること――の３点だった。

第３次行革審（会長・御室健一郎：浜松信用金庫理事長兼浜松商工会議所会頭、委員８人）は、2009（平成21）年10月26日に発足し、第１回目は、12月13日に①行革審答申の工程表進行管理②政策・事業評価、補助金評価――の二つがテーマに開催され、現在も継続中である。

行革審は、地方自治の本旨である住民福祉の増進や行政サービスの向上など、地方政府としての責任を果たし、持続可能な自治体経営を実践するため、不断の行財政改革に取り組んできた。将来に向けて、「未来へかがやく創造都市・浜松」の実現に向けた必要な施策を実施するため、スピード感のある行財政改革により財源を生み出し、自立した行政主体にふさわしい行財政運営を進めることが肝要と考えられることから、①これまでの行革審の答申に関すること（進行管理）②外郭団体に関すること――の２点を諮問した。

行革審では、浜松市の文化政策課が所管する外郭団体についても審議の対象となっている。行革審での審議の内容や、提出された資料等によって市の文化政策に関する取り組み、課題や方向性が示されている浜松市文化振興財団に絞って次章で改めて取り上げる。

（５）指定管理者制度

指定管理者制度は、地方自治法第244条第10章「公の施設」[69]に関連する制度であり、2003（平成15）年６月６日に改定、同年９月から施行された。

同法の改定により浜松市の関連条例等[70]を定め、同制度の運用管理に当たっている。

浜松市は2009（平成21）年度現在で、指定管理者制度対象673施設のうち

204 施設（公募 184、非公募 20）が同制度を導入している。

導入施設 204 の内訳は、スポーツ・レクレーション施設（43)、文化施設（12)、社会教育施設（10)、福祉施設（29）などとなっている。

ピアノコンクールなどの会場となっているアクトシティ浜松は、非公募の中の一つであるが非公募の理由として同市は次のように説明している。

市の政策を担い得ると認める者が市の重要施策を推進するための公の施設（市が同等の施設として複数設置するものを除く）としており、同様の理由によって挙げている主な施設は、楽器博物館、科学館、発達医療総合福祉センター、男女共同参画推進センター、医療センター、まちづくりセンターなどがある。

このほか、非公募の理由としては、①コミュニティ施設その他の地域に密着した公の施設で、当該地域住民に管理させる必要性が大きいもの② PFI 事業[71]により管理運営を行う施設で、事業者が既に決定しているもの③その他、市長が公募を行わないことについて、特別な理由があると認める施設[72]――を挙げている。

浜松市が指定管理者を導入しない理由として①地域の方が利用することを目的に設置された小規模施設②市が直接管理することが施設の効用を図るうえで望ましい施設[73]③市が直接実施すべき業務と一体として管理している施設[74]④導入することよる財政的効果が望めない施設⑤その他、市長や市が直接管理することが必要と認める施設[75]――を挙げている。

浜松市が音楽によるまちづくりを重要政策として位置づけ、アクトシティ浜松を非公募としているのは、同市の特徴でもあろう。

（6）文化振興ビジョン

浜松市は、2000（平成 12）年度に文化振興ビジョンを策定し、文化振興の指針としてきた。同ビジョンでは、基本的な方向として「さまざまな文化を通じて、創造的なコミュニティの輪が広がる」という考え方を掲げ、都市資源としての音楽文化の振興や、地域社会の発展の基盤としての文化振興という観点から施策のあり方を示していた。2001（平成 13）年 12 月には国レベルでも

「文化芸術振興基本法」が施行されている。静岡県では、2006（平成18）年10月に「静岡県文化振興基本条例」が制定され、2008（平成20）年2月には「静岡県文化振興基本計画」が策定された。

こうした流れの中、浜松市は①創造都市・浜松の実現②文化多様性が活力となる都市・浜松③音楽の都・浜松―― の三つを基本目標に設定した文化振興ビジョンを2009（平成21）年3月に改定した。

同ビジョンの改定の理由としては、「平成17年7月に周辺12市町村と合併し、平成19年4月には政令指定都市へ移行するなど、ビジョンが想定する都市のかたちが大きく変化しました。平成17年～18年度には、新しい総合計画が策定され、文化振興のための政策が重要な都市戦略として位置づけられています。このような中で、新しい時代にふさわしい都市を創り出す意気込みを持って…… 策定するものです」[76] と記述している。

改定された文化振興ビジョンでは、文化について「文化はすべての人々のもの、人々の生活の質を向上させる、社会・経済の発展の基盤」と定義づけ、文化振興のための政策は、都市の新しい力を生み出すための重要な政策として位置づけられるものとしている。

序章でもふれたが、10年前に浜松市文化振興ビジョン策定委員長を務めた伊藤裕夫は、文化という言葉を「人間の集団において共通する行動様式や考え方」と定義している。

両定義とも総合行政としての文化政策的視点でみた場合、改めて文化はまちづくりの原点であることがわかる。

さて、同ビジョンが改定事由としている社会環境の変化（すなわち、筆者が捉えようとする文化政策の変動諸要素）については、次の事項を挙げている。

1）浜松市に関わる事項

・合併による広範な市域に拡大⇒広範な市域の各所に特徴ある伝統文化が息づいている。

・政令指定都市への移行⇒権限の拡大と、自己決定、自己責任による都市経営が必要である。

2）社会環境に関わる事項

・少子高齢化の進行と人口減少社会への移行⇒高齢者の自己実現と社会とのつながり、団塊の世代による文化の担い手が出現している。

・グローバル化の進展による外国人市民の増加⇒約33,000人の外国人登録者数がある。

・情報技術の進展⇒インターネットによる表現活動の新しいコンテンツが出現している。

・分権型社会への移行⇒都市間競争、都市間連携の中で、文化は磁力を持っている。

・公共性の担い手の多様化⇒文化施設への指定管理者制度の導入、市民団体やNPO法人の活発化や企業の社会貢献活動（CSR）などの多様化により、行政の新たな役割が求められている。

・文化や芸術の機能や役割の再評価⇒地域固有の文化や芸術活動が人々の創造力を引き出す。文化産業の発展のもたらす効果も視野に入れなければならない。

以上が、浜松市に関わる事項と、社会環境に関わる事項の事由である。平成の合併および政令指定都市への移行は、間違いなく文化政策にも影響を与えていることがわかる。

また、社会環境に関わる事項に挙がっている分権型社会への移行について、浜松市の場合は、平成の合併において都市内分権を導入することによって実現を目指している。

そして、その都市内分権を市全体が発展する仕組みであると説明していることを考慮するならば、磁力を持つ文化こそが、市を発展させる強力な磁石であることになろう。

さて、もう一度、文化振興ビジョンの文化の定義に戻ろう。「文化はすべての人々のもの、人々の生活の質を向上させる、社会・経済の発展の基盤」と定義づけ、文化振興のための政策は、都市の新しい力を生み出すための重要な政策として位置づけられるものとしている。

合併によって、浜松市は広大な市域を手に入れることができた。そのことは同時に、広範な市域に点在する多彩な伝統文化を手にしたことになる。

表4.2は指定無形民俗文化財の一部であるが、点在する地域は中山間地域の天竜区や北区に集中していることがわかる。

浜松市の指定文化財は、記念物が151件（旧浜松市26件、旧浜松市以外125件）、有形文化財247件（同50件、197件）、無形文化財1件（同0件、1件）、民俗文化財26件（同3件、23件）の合計425件と、旧浜松市以外の地域が文化財の宝庫であったことがわかる[77]。

合併によって、伝統文化の保存や伝承が懸念された。浜松市では、文化振興ビジョンの改定というプロセスの中でその問題を浮き彫りにし、文化政策の課題として真正面からとらえ、積極的な事業展開に転じようとしている姿がみてとれる。

同ビジョンで課題として挙げているのは、①伝統芸能に関する資料や情報の収集と再評価を進め、伝統芸能の価値や魅力を伝える情報発信が期待される②伝統芸能の演目や所作には能や狂言、歌舞伎などにつながる要素も多く、芸能史の研究上貴重な存在。将来にわたって残していくために伝承の工夫や支援が必要③少子化や過疎化の中での担い手の育成が急務―― としている。

この課題解決のための施策として、①アーカイブ化などによる伝統文化の保存と研究②地域活動団体や学校教育との連携を図るなど、担い手の育成に向けた取り組みを進める③文化財や文化施設の有機的な連携を図るなかで、中心市街地をはじめとする市内各所における伝統文化事業の積極的な展開―― を実施していくとしている。

何世代にもわたって受け継がれてきた伝統文化・芸能は、今も磁力を持ち続け、地域社会において人と人の心をしっかり結びつけている。合併によって市域が拡大することは、それらの文化がさらに多くの人と、また、新しい仲間として結びつけてくれる。

また、新たな文化も生まれてこよう。まずは、一地域の伝統文化・芸能を共有財産として位置づけることが必要であろう。

表4.2　浜松市指定無形民俗文化財（一部）

名称	活動地域	内容
懐山のおくない	天竜区 懐山	1月3日に行われる民俗芸能で、中世以来伝えられてきた精神世界を感じさせる、五穀豊穣、子孫繁栄を祈る20余の舞が上演される。
寺野のひよんどり	北区 引佐町渋川	400年以上の歴史を持つ五穀豊穣を祈る春祈祷の祭礼。申楽・田楽など中世芸能の流れを汲み、我が国の芸能の変遷を知るうえでも重要。
川名のひよんどり	北区 引佐町川名	月が山間に入るのを待って行われる、夜空を焦がす大松明と若者のもみ合いが豪壮な火踊り祭り。祭礼が地域の生活習慣に溶け込んでいる。
西浦の田楽	天竜区 水窪町奥領家	旧暦1月18日より19日の朝まで行う祭りで、五穀豊穣、無病息災、子孫長久、水火の難を除く神事。約1390年の間、能衆と呼ばれる人々の世襲により脈々と伝えられている。
滝沢の放歌踊	北区 滝沢町	鎌倉･室町時代に起源を持ち、江戸時代に鳳来町（三河）から伝来した歌や踊りで、初盆のお宅を訪問し、祖先の冥福を祈って回向する。
川合花の舞	天竜区 佐久間町川合	起原は鎌倉時代で、五穀豊穣、無病息災を神に祈る古典的な湯立神楽。「悪たい祭」とも呼ばれ、農民のうっぷん晴らしの機会とされる。
横尾歌舞伎	北区 引佐町横尾・白岩	神社への奉納芸能。少年団や三味線教室が組織され、地域の人達の手で運営されている。
西浦の念仏踊	天竜区 水窪町奥領家	8月1日から23日の盂蘭盆の墓参りまで行われる盆行事。さまざまな念仏踊りがあり、最後に新盆の家庭から持ち寄った提灯の類を焼却する。
勝坂神楽	天竜区 春野町豊岡	約400年の伝統を持ち、天下康平、武運長久、氏子繁昌、五穀豊穣を祈る祭礼で、子授け・子育ての神社の祭典の際、若衆によって舞われる。
犬居つなん曳	天竜区 春野町堀之内	水への信仰によるもので、5月5日の節句の夜に、初節句の家々を練り歩き、最後に橋の上から柳の枝や笹竹の蛇体を川へ投げ入れる奇祭。
遠州大念仏	浜松市全域	三方原合戦で戦死した武田・徳川両軍の霊を供養したのが始まりとされる、遠州地方の郷土芸能。初盆を迎えた家の庭先で大念仏を行う。

出所：『浜松市文化振興ビジョン』（2009.3月改定版）

第2節　予算編成方針と文化政策

浜松市は合併にあたり、どのようなスタンスで臨んだのであろうか。当然のことながら、合併や政令指定都市移行によって予算編成にも大きな影響があり、そのことは文化政策関連の予算についても同様である。本節では予算面から検証する。

旧浜松市における2005（平成17）年度予算編成基本方針は、7月1日に、広域的な行政サービスや直面する共通の行政課題への対応、一層の行財政能力の強化を目指し、天竜川・浜名湖地域の11市町村と合併するとしたうえで、この合併を円滑に実施し、さらに政令指定都市への移行に向けて、進んでいくための第一歩として同年度の予算編成は大きな意義を持つとした。

2006（平成18）年度の予算編成基本方針は、合併後初の新浜松市としての本格的な予算編成であった。このため、一般会計予算では、①部局配分や地域自治区等との連携により都市内分権型予算編成を実施（概算要求制度による部局配分予算で、各部局が市民ニーズや地域ニーズの状況を的確に把握し自律的な予算を編成）②地域固有のサービス存続や新市全域へのサービス拡大③新市建設計画を着実に実行――を中心とした新市の出発となる分野や地域バランスを考慮した特色のある予算編成とした。一方で、厳しい財政状況に対応したメリハリ型予算でもあり、政令指定都市を見据えた未来型予算でもあると位置づけた。

2006（平成18）年度予算では、前年7月1日の合併に伴い旧12市町村単位に設置した総合事務所ごとに「地域自治振興費」[78]という予算科目を新設した。同予算は「クラスター型政令指定都市」を目指す同市の分権型まちづくりのシンボルと位置づけられた。2006（平成18）年度当初予算編成において、各総合事務所では、配分された財源を有効に活用し、地域協議会への諮問・答申を経て主体的に活動を実施している。

同年度当初予算における、総合事務所ごとの予算は表4.3のとおりだった。

2007（平成19）年度は「政令指定都市・浜松」の誕生の年であり、同市発展の礎となる意義深く、重要な年であるとし、予算的にも、クラスター型政令指定都市の実現や今後の健全な財政運営の出発点となる重要な予算であり、新たな中期財政計画の初年度と位置づけた。

知恵と工夫で「最少経費・最大満足」を約束する予算を編成するという基本姿勢のもと、市町村合併の経緯を踏まえ、地域固有の事情について配慮した予算を編成したとしている。

政令指定都市へ移行したのに伴い、区役所は都市内分権の三本柱の一つであ

表4.3　2006（平成 18）年度当初予算案における、総合事務所ごとの予算

（単位：千円）

区分	人件費	総合事務所運営費	まちづくり事業費	地域協議会運営費	自治会振興費	合計
浜松	12,544	223,874		2,853	233,910	473,181
浜北	49,013	134,097	154,487	4,304	35,963	377,864
天竜	9,097	103,280	33,613	3,533	34,791	184,314
舞阪	10,672	87,029	24,267	2,259	23,960	148,187
雄踏	6,286	49,246	10,913	2,588	18,320	87,353
細江	11,568	92,717	44,927	2,508	22,576	174,296
引佐	17,896	67,107	12,946	2,348	46,112	146,409
三ケ日	12,947	74,566	33,377	2,333	37,978	161,201
春野	13,740	46,209	28,760	2,155	16,445	107,309
佐久間	8,348	75,807	13,657	2,127	26,615	126,554
水窪	16,955	40,399	21,571	1,970	9,439	90,334
龍山	7,156	40,859	3,355	1,646	8,742	61,758
計	176,222	1,035,190	381,873	30,624	514,851	2,138,760

出所：浜松市 HP（http://www.city.hamamatsu.jp/admin/finance/budget18/cu-07.htm）

る組織内分権の要と位置づけ、区役所費を設けた。区役所費は、2006（平成18）年度の総合事務所費から事業費を移し替えるとともに、区のまちづくり事業費、区役所庁舎の維持管理費や区協議会の運営費などで構成されている。

区のまちづくり事業は、区としての一体感の醸成や区が求める将来像の実現のため、区民と協働・連携のもと、自主性の高い区としてのまちづくり事業をするのが趣旨である。

事業としては、それぞれの地域の特性および資源を活かしたまちづくりや、区民と行政が連携・協働する魅力あるまちづくりを進め、速やかな区の一体感醸成を図るための、「区の魅力づくり事業」と、区民の自主的な地域活動の育成・支援等の助成を通して、地域づくりを推進するとともに、速やかな区の一体感醸成を図るための、「地域づくり助成事業」の二つから成る。

2007（平成 19）年度の事業費は、１区あたり 1,000 万円（７区計、7,000 万円）で、内訳は、区の魅力づくり事業 700 万円（７区計、4,900 万円）、地域づくり助成事業 300 万円（７区計、2,100 万円）とした。

2008（平成 20）年度は、前年に就任した新市長のマニフェストを反映したものとなり、「ひとつの浜松による一体感のあるまちづくり」の実現に向けた出発点となる重要な予算と位置づけた。

このため、マニフェスト実現経費として50億円程度を盛り込んだ。

前年度創設した「区まちづくり事業費」を再編し、新たに「がんばる地域応援事業」としてスタートした。「がんばる地域応援事業」は、協働事業、助成事業、区執行事業の三本立てで、同事業要綱の附則には、施行後２年以内において、検討を加えるとなっていた。

2009（平成21）年度は、「輝く未来へ」をスローガンに、行財政改革により財源を捻出し、事業の選択と集中の徹底を図ることによって、マニフェストに掲げる事業に重点配分する一方、市民目線に立ち、行財政改革効果が見える予算を編成時の考え方として示した。

2010（平成22）年度は、政権交代に伴う「地域主権」や「コンクリートから人へ」といった理念を具体化するために、これまでの歳出支出構造の見直しが求められていることをふまえ、①予算編成の重点化を推進②効果的な経済対策の実施③行財政改革の徹底を予算編成方針の基本に据えた。

2009（平成21）年で終期を迎えた「がんばる地域応援事業」を見直し「地域力向上事業」を区役所費に創設した。また、地域自治区まちづくり事業は、各事業の行政関与の必要性を精査し「区まちづくり事業」として再編した。

地域力向上事業は、総事業費の50%を均等割額とし、残額を面積割20%、人口割20%、2008（平成20）年度の応募件数割10%に分配して各区へ比率配分した。配分上限は25,000千円、下限額は16,000千円とした。表４.４が配分額である。

同事業は、市民協働の理念のもと、地域課題の解決により地域力を向上し、住みよい地域社会を実現することを目的に、市民提案やアイデアを基に執行するものである。表４.４の助成事業とは、市民等からの公益性のある地域づくり事業提案に対し助成する「市民提案による住みよい地域づくり助成事業」のことであり、区企画事業とは、地域課題の解決、地域資源の活用等、市民からの提案やアイデア等をもとに、区が企画、実施する「地域課題を解決する区企画事業」である。

表4.4　2010（平成22）年度地域力向上事業予算　（単位：千円）

	中区	東区	西区	南区	北区	浜北区	天竜区	合計
助成事業	4,700	4,000	4,000	4,000	5,200	4,000	6,300	32,200
区企画事業	14,000	12,000	12,000	12,000	15,400	12,000	18,700	96,100
合計	18,700	16,000	16,000	16,000	20,600	16,000	25,000	128,300

出所：浜松市HP（http://www.city.hamamatsu.shizuoka.jp/admin/finance/budget22/）

両事業とも、地域協議会にて協議し、区協議会の意見をふまえ事業を実施するものである。

再編前の「がんばる地域応援事業」では、協働事業と助成事業の区分が区民にとって分かりにくく、単に補助率の違いという認識がされていたことをふまえ、二本立てにしたものである。

一方、各区役所費に計上する区まちづくり事業は、伝統文化継承、地域文化PRに関する「地域文化振興事業」とイベント、スポーツおよび地域活動に関する「地域活動支援事業」により構成されている。

ただし、イベント事業については全て行政関与の必要性を充分に精査したうえで執行される。2010（平成22）年度の区まちづくり事業費は表4.5のとおりである。

合併を迎えた2005（平成17）年度の予算編成では、11市町村との合併、さらに、政令指定都市への移行を見据えて大きな意義を持つとし、合併後初の予算編成を迎えた2006（平成18）年度では、対等の精神に即した地域固有の事業に配慮する一方で、全市域へのサービス拡大、新市建設計画に向けた予算編成をしている。

そのことは2006（平成18）年度における地域自治振興費、翌年の区のまちづくり事業費への継承に見られる。同市の場合には合併、さらに政令指定都市へという基礎自治体の大幅な変化による特徴といえよう。

さらに、2007（平成19）年度の政令指定都市移行時における首長の交代による予算への影響もある。2008（平成20）年度の予算編成では、新市長のマニフェストを実行するための予算も盛り込まれている。

文化政策関連の事業に関わらず、2009（平成21）年度の予算編成基本方針で

表4.5　2010（平成22）年度区まちづくり事業費　（単位：千円）

事業名	西区	北区	浜北区	天竜区	合計
地域文化振興事業	10,800	15,000	6,200	14,800	46,800
地域活動支援事業	11,500	50,300	22,800	51,900	136,500
合計	22,300	65,300	29,000	66,700	183,300

出所：浜松市 HP（http://www.city.hamamatsu.shizuoka.jp/admin/finance/budget22/）

示された事業の選択と集中の徹底を図らなくてはならない。行財政改革という方向性の中でこの作業を繰り返していくためには、住民の理解がなければ進まないということは言を待たない。

行革審の答申でも述べられているように、市民もおねだり体質からの脱却も図らねばならない。徹底的な行財政改革があってこそ、市民意識も変化するという循環があるのであろう。

この行政、市民、行革審のような第三者機関の存在のバランスが保たれてこそ、真のまちづくりができるものといえよう。

---

64) 山北一司『演心香』文芸社、2010、p.158. 中村紘子氏へのインタビュー参照。

65) 文化庁監修『文化芸術立国の実現を目指して』ぎょうせい、2009、p.10.（以下、文化庁40年史と称する）。

66) 2004（平成16）年1月に国立劇場おきなわが開場、2005（平成17）年10月には九州国立博物館、2007（平成19）年1月には国立新美術館が開館し、国立の文化施設は大幅な充実を成し遂げた。

67) 2001（平成13）年1月施行の独立行政法人通則法において規定されている中央省庁等改革の柱の一つで、文化庁関係では、国立美術館、国立博物館、文化財研究所及び国立国語研究所が含まれていた。

68) 2004（平成16）年4月に設置された「規制改革・民間開放推進会議」において、「民でできるものは民で」という方針のもと、官と民とを対等な立場で競争させる仕組みである「市場化テスト」をすべての官業に導入することが検討されていた。国立美術館・国立博物館に対する市場化テスト導入の検討が求められることになったが、06（平成18）年5月に法制化された「競争の導入よる公共サービスの改革に関する法律」には、芸術文化や科学技術については、長期的かつ継続的な観点に立った対応の重要性などを踏まえ、それぞれの業務の特性に配慮し、慎重かつ適切に対応することとされている。結果的には、国立美術館は独立して存続し、国立博物館と文化財研究所を統合することで、市場化テストの導入は見送られた。この点に関しては、文化庁40年史の第2章「行政改革・規制改革と国立文化施設等の組織改編」を参照されたい。

69) 第十章　公の施設

1　第二百四十四条　普通地方公共団体は、住民の福祉を増進する目的をもつてその利用に供するための施設（これを公の施設という。）を設けるものとする。（以下、省略）

70) 浜松市規則第84号〔2008（平成20）年9月30日〕、浜松市指定管理者による公の施設の管理に関する条例施行規則。

71) PFI（Private Finance Initiative）とは公共サービスの提供に際して公共施設が必要な場合に、従来のように公共が直接施設を整備せずに民間資金を利用して民間に施設整備と公共サービスの提供をゆだねる手法。

72) 浜松市営中沢墓園など。

73) 水道・下水道事業、診療所。

74) 公民館。

75) 図書館、博物館、住宅団地。

76)『浜松市文化振興ビジョン』浜松市、2009.3. はじめに。

77) 同上、p.23.「（5）合併により拡大した広範な市域に点在する多彩な伝統文化」からまとめたもの。指定先別では総件数425件のうち、国23、県78、市324となっている。

78) 12の総合事務所ごとに、人件費、総合事務所運営費、まちづくり事業費（浜松総合事務所を除く）、地域審議会運営費、自治会振興費で構成。また、同費用は条例の規定によって地域協議会への諮問・答申が義務づけられている。

資料４．１

文化芸術振興基本法

公布：平成 13 年 12 月 7 日法律第 148 号

施行：平成 13 年 12 月 7 日

目次

文化芸術を創造し、享受し、文化的な環境の中で生きる喜びを見出すことは、人々の変わらない願いである。また、文化芸術は、人々の創造性をはぐくみ、その表現力を高めるとともに、人々の心のつながりや相互に理解し尊重し合う土壌を提供し、多様性を受け入れることができる心豊かな社会を形成するものであり、世界の平和に寄与するものである。更に、文化芸術は、それ自体が固有の意義と価値を有するとともに、それぞれの国やそれぞれの時代における国民共通のよりどころとして重要な意味を持ち、国際化が進展する中にあって、自己認識の基点となり、文化的な伝統を尊重する心を育てるものである。

我々は、このような文化芸術の役割が今後においても変わることなく、心豊かな活力ある社会の形成にとって極めて重要な意義を持ち続けると確信する。

しかるに、現状をみるに、経済的な豊かさの中にありながら、文化芸術がその役割を果たすことができるような基盤の整備及び環境の形成は十分な状態にあるとはいえない。二十一世紀を迎えた今、これまで培われてきた伝統的な文化芸術を継承し、発展させるとともに、独創性のある新たな文化芸術の創造を促進することは、我々に課された緊要な課題となっている。

このような事態に対処して、我が国の文化芸術の振興を図るためには、文化芸術活動を行う者の自主性を尊重することを旨としつつ、文化芸術を国民の身近なものとし、それを尊重し大切にするよう包括的に施策を推進していくことが不可欠である。

ここに、文化芸術の振興についての基本理念を明らかにしてその方向を示し、文化芸術の振興に関する施策を総合的に推進するため、この法律を制定する。

第一章　総則

（目的）

第一条　この法律は、文化芸術が人間に多くの恵沢をもたらすものであることにかんがみ、文化芸術の振興に関し、基本理念を定め、並びに国及び地方公共団体の責務を明らかにするとともに、文化芸術の振興に関する施策の基本となる事項を定めることにより、文化芸術に関する活動（以下「文化芸術活動」という。）を行う者（文化芸術活動を行う団体を含む。以下同じ。）の自主的な活動の促進を旨として、文化芸術の振興に関する施策の総合的な推進を図り、もって心豊かな国民生活及び活力ある社会の実現に寄与することを目的とする。

（基本理念）

第二条　文化芸術の振興に当たっては、文化芸術活動を行う者の自主性が十分に尊重されなければならない。

2　文化芸術の振興に当たっては、文化芸術活動を行う者の創造性が十分に尊重されるとともに、その地位の向上が図られ、その能力が十分に発揮されるよう考慮されなければならない。

3　文化芸術の振興に当たっては、文化芸術を創造し、享受することが人々の生まれながらの権利であることにかんがみ、国民がその居住する地域にかかわらず等しく、文化芸術を鑑賞し、これに参加し、又はこれを創造することができるような環境の整備が図られなければならない。

4　文化芸術の振興に当たっては、我が国において、文化芸術活動が活発に行われるような環境を醸成することを旨として文化芸術の発展が図られ、ひいては世界の文化芸術の発展に資するものであるよう考慮されなければならない。

5　文化芸術の振興に当たっては、多様な文化芸術の保護及び発展が図られなければならない。

6　文化芸術の振興に当たっては、地域の人々により主体的に文化芸術活動が行われるよう配慮するとともに、各地域の歴史、風土等を反映した特色ある文化芸術の発展が図られなければならない。

7　文化芸術の振興に当たっては、我が国の文化芸術が広く世界へ発信されるよう、文化芸術に係る国際的な交流及び貢献の推進が図られなければならない。

8　文化芸術の振興に当たっては、文化芸術活動を行う者その他広く国民の意見が反映されるよう十分配慮されなければならない。

（国の責務）

第三条　国は、前条の基本理念（以下「基本理念」という。）にのっとり、文化芸術の振興に関する施策を総合的に策定し、及び実施する責務を有する。

（地方公共団体の責務）

第四条　地方公共団体は、基本理念にのっとり、文化芸術の振興に関し、国との連携を図りつつ、自主的かつ主体的に、その地域の特性に応じた施策を策定し、及び実施する責務を有する。

（国民の関心及び理解）

第五条　国は、現在及び将来の世代にわたって人々が文化芸術を創造し、享受することができるとともに、文化芸術が将来にわたって発展するよう、国民の文化芸術に対する関心及び理解を深めるように努めなければならない。

（法制上の措置等）

第六条　政府は、文化芸術の振興に関する施策を実施するため必要な法制上又は財政上の措置その他の措置を講じなければならない。

第二章　基本方針

第七条　政府は、文化芸術の振興に関する施策の総合的な推進を図るため、文化芸術の振興に関する基本的な方針（以下「基本方針」という。）を定めなければならない。

2　基本方針は、文化芸術の振興に関する施策を総合的に推進するための基本的な事項その他必要な事項について定めるものとする。
3　文部科学大臣は、文化審議会の意見を聴いて、基本方針の案を作成するものとする。
4　文部科学大臣は、基本方針が定められたときは、遅滞なく、これを公表しなければならない。
5　前二項の規定は、基本方針の変更について準用する。
第三章　文化芸術の振興に関する基本的施策
（芸術の振興）
第八条　国は、文学、音楽、美術、写真、演劇、舞踊その他の芸術（次条に規定するメディア芸術を除く。）の振興を図るため、これらの芸術の公演、展示等への支援、芸術祭等の開催その他の必要な施策を講ずるものとする。
（メディア芸術の振興）
第九条　国は、映画、漫画、アニメーション及びコンピュータその他の電子機器等を利用した芸術（以下「メディア芸術」という。）の振興を図るため、メディア芸術の製作、上映等への支援その他の必要な施策を講ずるものとする。
（伝統芸能の継承及び発展）
第十条　国は、雅楽、能楽、文楽、歌舞伎その他の我が国古来の伝統的な芸能（以下「伝統芸能」という。）の継承及び発展を図るため、伝統芸能の公演等への支援その他の必要な施策を講ずるものとする。
（芸能の振興）
第十一条　国は、講談、落語、浪曲、漫談、漫才、歌唱その他の芸能（伝統芸能を除く。）の振興を図るため、これらの芸能の公演等への支援その他の必要な施策を講ずるものとする。

（生活文化、国民娯楽及び出版物等の普及）
第十二条　国は、生活文化（茶道、華道、書道その他の生活に係る文化をいう。）、国民娯楽（囲碁、将棋その他の国民的娯楽をいう。）並びに出版物及びレコード等の普及を図るため、これらに関する活動への支援その他の必要な施策を講ずるものとする。

（文化財等の保存及び活用）

第十三条　国は、有形及び無形の文化財並びにその保存技術（以下「文化財等」という。）の保存及び活用を図るため、文化財等に関し、修復、防災対策、公開等への支援その他の必要な施策を講ずるものとする。

（地域における文化芸術の振興）

第十四条　国は、各地域における文化芸術の振興を図るため、各地域における文化芸術の公演、展示等への支援、地域固有の伝統芸能及び民俗芸能（地域の人々によって行われる民俗的な芸能をいう。）に関する活動への支援その他の必要な施策を講ずるものとする。

（国際交流等の推進）

第十五条　国は、文化芸術に係る国際的な交流及び貢献の推進を図ることにより、我が国の文化芸術活動の発展を図るとともに、世界の文化芸術活動の発展に資するため、文化芸術活動を行う者の国際的な交流及び文化芸術に係る国際的な催しの開催又はこれへの参加への支援、海外の文化遺産の修復等に関する協力その他の必要な施策を講ずるものとする。

２　国は、前項の施策を講ずるに当たっては、我が国の文化芸術を総合的に世界に発信するよう努めなければならない。

（芸術家等の養成及び確保）

第十六条　国は、文化芸術に関する創造的活動を行う者、伝統芸能の伝承者、文化財等の保存及び活用に関する専門的知識及び技能を有する者、文化芸術活動の企画等を行う者、文化施設の管理及び運営を行う者その他の文化芸術を担う者（以下「芸術家等」という。）の養成及び確保を図るため、国内外における研修への支援、研修成果の発表の機会の確保その他の必要な施策を講ずるものとする。

（文化芸術に係る教育研究機関等の整備等）

第十七条　国は、芸術家等の養成及び文化芸術に関する調査研究の充実を図るため、文化芸術に係る大学その他の教育研究機関等の整備その他の必要な施策を講ずるものとする。

（国語についての理解）

第十八条　国は、国語が文化芸術の基盤をなすことにかんがみ、国語について正しい理解を深めるため、国語教育の充実、国語に関する調査研究及び知識の普及その他の必要な施策を講ずるものとする。

（日本語教育の充実）

第十九条　国は、外国人の我が国の文化芸術に関する理解に資するよう、外国人に対する日本語教育の充実を図るため、日本語教育に従事する者の養成及び研修体制の整備、日本語教育に関する教材の開発その他の必要な施策を講ずるものとする。

（著作権等の保護及び利用）

第二十条　国は、文化芸術の振興の基盤をなす著作者の権利及びこれに隣接する権利について、これらに関する国際的動向を踏まえつつ、これらの保護及び公正な利用を図るため、これらに関し、制度の整備、調査研究、普及啓発その他の必要な施策を講ずるものとする。

（国民の鑑賞等の機会の充実）

第二十一条　国は、広く国民が自主的に文化芸術を鑑賞し、これに参加し、又はこれを創造する機会の充実を図るため、各地域における文化芸術の公演、展示等への支援、これらに関する情報の提供その他の必要な施策を講ずるものとする。

（高齢者、障害者等の文化芸術活動の充実）

第二十二条　国は、高齢者、障害者等が行う文化芸術活動の充実を図るため、これらの者の文化芸術活動が活発に行われるような環境の整備その他の必要な施策を講ずるものとする。

（青少年の文化芸術活動の充実）

第二十三条　国は、青少年が行う文化芸術活動の充実を図るため、青少年を対象とした文化芸術の公演、展示等への支援、青少年による文化芸術活動への支援その他の必要な施策を講ずるものとする。

（学校教育における文化芸術活動の充実）

第二十四条　国は、学校教育における文化芸術活動の充実を図るため、文化芸術に関する体験学習等文化芸術に関する教育の充実、芸術家等及び文化芸術活動を行う団体（以下「文化芸術団体」という。）による学校における文化芸術活動に対する協力への支援その他の必要な施策を講ずるものとする。

（劇場、音楽堂等の充実）

第二十五条　国は、劇場、音楽堂等の充実を図るため、これらの施設に関し、自らの設置等に係る施設の整備、公演等への支援、芸術家等の配置等への支援、情報の提供その他の必要な施策を講ずるものとする。

（美術館、博物館、図書館等の充実）

第二十六条　国は、美術館、博物館、図書館等の充実を図るため、これらの施設に関し、自らの設置等に係る施設の整備、展示等への支援、芸術家等の配置等への支援、文化芸術に関する作品等の記録及び保存への支援その他の必要な施策を講ずるものとする。

（地域における文化芸術活動の場の充実）

第二十七条　国は、国民に身近な文化芸術活動の場の充実を図るため、各地域における文化施設、学校施設、社会教育施設等を容易に利用できるようにするための措置その他の必要な施策を講ずるものとする。

（公共の建物等の建築に当たっての配慮）

第二十八条　国は、公共の建物等の建築に当たっては、その外観等について、周囲の自然的環境、地域の歴史及び文化等との調和を保つよう努めるものとする。

（情報通信技術の活用の推進）

第二十九条　国は、文化芸術活動における情報通信技術の活用の推進を図るため、文化芸術活動に関する情報通信ネットワークの構築、美術館等における情報通信技術を活用した展示への支援、情報通信技術を活用した文化芸術に関する作品等の記録及び公開への支援その他の必要な施策を講ずるものとする。

（地方公共団体及び民間の団体等への情報提供等）

第三十条　国は、地方公共団体及び民間の団体等が行う文化芸術の振興のための取組を促進するため、情報の提供その他の必要な施策を講ずるものとする。

（民間の支援活動の活性化等）

第三十一条　国は、個人又は民間の団体が文化芸術活動に対して行う支援活動の活性化を図るとともに、文化芸術活動を行う者の活動を支援するため、文化芸術団体が個人又は民間の団体からの寄附を受けることを容易にする等のための税制上の措置その他の必要な施策を講ずるよう努めなければならない。

（関係機関等の連携等）

第三十二条　国は、第八条から前条までの施策を講ずるに当たっては、芸術家等、文化芸術団体、学校、文化施設、社会教育施設その他の関係機関等の間の連携が図られるよう配慮しなければならない。

2　国は、芸術家等及び文化芸術団体が、学校、文化施設、社会教育施設、福祉施設、医療機関等と協力して、地域の人々が文化芸術を鑑賞し、これに参加し、又はこれを創造する機会を提供できるようにするよう努めなければならない。

（顕彰）

第三十三条　国は、文化芸術活動で顕著な成果を収めた者及び文化芸術の振興に寄与した者の顕彰に努めるものとする。

（政策形成への民意の反映等）

第三十四条　国は、文化芸術の振興に関する政策形成に民意を反映し、その過程の公正性及び透明性を確保するため、芸術家等、学識経験者その他広く国民の意見を求め、これを十分考慮したうえで政策形成を行う仕組みの活用等を図るものとする。

（地方公共団体の施策）

第三十五条　地方公共団体は、第八条から前条までの国の施策を勘案し、その地域の特性に応じた文化芸術の振興のために必要な施策の推進を図るよう努めるものとする。

附　則

（施行期日）

1　この法律は、公布の日から施行する。

［2　文部科学省設置法（平成十一年法律第九十六号）の一部改正］

第5章

浜松市の文化政策論議から見えてくるもの

第４章で文化政策を取り巻く諸要素について取り上げたが、浜松市の文化政策がこれまでどのような歩みをたどってきたのか、について整理しておく必要があろう。文化政策を伊藤裕夫の「地域文化ということと、芸術文化という二要素を持っている」という定義を前提とするならば、音楽のまちづくりを進めてきた浜松市のこれまでの文化政策には地域文化という側面はあまりクローズアップされてこなかったようにも見える。

だが、確かなこととして戦後の復興期から見事に再生し、中山間地域を含む国土縮図型とも称される新型の政令指定都市となったことは紛れもない事実である。

浜松市の文化政策における今後の方向性として、この二要素を含めた展開が自ずと必要性を増してくるのはある意味必然性を伴うものである。文化は長い時間のかかるものであることを考慮するならば、世界や国際性を目指した浜松市の方向性が地域文化と同時並行的に政策を推進することは、新型政令指定都市の浜松市にとって宿命なのかもしれない。

この二要素について、さらなる厚みを増した政策に舵を切っていくことが、合併後に求められる浜松市の方向性であるのは間違いなさそうである。そういう意味合いも含め、浜松市のこれまでの音楽のまちづくりを中心とした文化政策の歩みを振り返り、歴史のうえに積み重なった文化政策をどのように継承していくのか、さらには合併によって新たに加わった伝統文化等をどのように地域力を高める魅力として加えていくのであろうか。

浜松市街地

文化政策に限らず、すべての政策に共通することであるが、行財政改革の範疇だということを踏まえ、限られた予算をどのように配分すべきであろうか。

そうした点を踏まえ、今後の我が国の文化政策のあるべき姿を映し出す鏡の役割として、期待を込めて、浜松市の音楽のまちづくりを中心とした文化政策について検証を試みたい。

第1節　合併と文化のためのアジェンダ21

楽器博物館

プロムナードコンサート

1979（昭和54）年の国際児童年を機に「子ども音楽会」が開催され、２年後の1981（昭和56）年には第２次浜松市総合計画新基本計画で「音楽のまちづくり」の推進を掲げた。浜松市は、本書の第２章第１節でもふれたとおり、楽器の街としても同市の産業上の基盤を支えてきた経緯がある。1982（昭和57）年には人口が50万人に達しており、1980（昭和55）年前後には確かな形として音楽のまちづくりが進められていった。

表5.1は浜松市の文化政策のあゆみとして、音楽を中心としたまちづくりに関する項目等を一覧にしたものであるが、表から読み取れることは音楽のまちづくりの推進を基軸として国内はもとより、海外の都市との音楽文化友好交流や国際ピアノコンクールなど世界を目指した取り組みにも目を向けていることである。

国内においては1994（平成6）年にオープンしたアクトシティ浜松という拠点を活かし、楽器博物館の開館や音楽院の創立などソフトの充実も目立っている。さらに、プロムナードコンサートに見られるように、演奏者の活発な活動はもちろん、アクトシティ浜松を活かした芸術文化の場や芸術の提供も活発であることがわかる。

そのような中で本節では、おそらく今後の文化政策が総合的な政策としての視点を持つ一つの主要な政策になるであろうし、本書の文化政策的な視点で今回の平成の合併を見るという基本的な考え方に共通するため、浜松市が日本の都市として唯一加盟している、都市・自治体連合（United Cities and Local Governments, UCLG）について検証してみたい。

浜松市が都市・自治体連合（UCLG）に加盟したのは、表5.1のとおり2003（平成15）年統合前の国際自治体連合（IULA）が発端だった。1991（平成3）年の第3次浜松市総合計画新基本計画において、音楽文化都市構想を掲げ、「世界の音楽文化が薫る都市づくり」の推進を位置づけるとともに、同年には第1回浜松国際ピアノコンクールや世界青少年音楽祭などの国際的なイベントを開催し、世界に向けた取り組みを開始している。

さらに、10年後の2001（平成13）年には、国際化の指針となる「世界都市化ビジョン」を策定し、「世界都市・浜松」の実現に向け、諸施策に取り組んでいる。IULAに加盟したのは、文字どおり世界都市を目指すためで、世界の諸都市との連携を進め、人や情報のネットワークを広げるためであった。

参考までにIULA、世界都市連合（UTO）、世界大都市圏協会（Metropolis）が2004（平成16）年5月に統合することにより、UCLGが誕生している。

UCLGは、会員同士の情報交換や相互協力、各種研修プログラムの実施などを通して、地方自治体の強化や地方分権の推進、地方自治体の能力向上を図っている。

また、都市化やグローバリゼーションがもたらす課題に対し、地方自治体の主張や取り組みを世界レベルで集約し、国際社会に向けて発信するとともに、地方自治体の代表として国連や関連機関と連携して取り組んでいる。

会員は、地方自治体、地方自治体の連合組織、地方自治体に深い関係を持つ組織から成り、会員数は136カ国・地域から2,500団体以上を数え、世界最大の地方自治体連合組織となっている。

浜松市は日本で唯一の加盟都市で、日本の都市・地方自治体がUCLGの会員となる場合、原則としてアジア太平洋支部（Asia Pacific Regional Section, ASPAC）に所属することとなる。

表5.1　浜松市の文化政策のあゆみ

1979（昭和54）	通年	国際児童年を機に「子ども音楽会」を開催
1981（昭和56）	３月	第２次浜松市総合計画新基本計画において「音楽のまちづくり」の推進を掲げる
	年間	市制70周年に当たるこの年「音楽のまち」として、浜松音楽祭（5部門）を開催
1984（昭和59）	通年	プロムナードコンサート（吹奏楽のコンサート）がスタート
1986（昭和61）	２月	市民生活の向上及びゆとりと潤いのあるまちづくりに寄与することを目的に、財団法人浜松市文化協会を設立
	３月	第３次浜松市総合計画基本構想において、浜松の個性を活かした「音楽のまちづくり」を掲げる
1989（平成元）	９月	音楽振興基金を創設
	通年	ガーデンコンサート（ポップスやロックによる）スタート
1990（平成２）	10月	ワルシャワ市（ポーランド）と音楽文化友好交流協定を締結
1991（平成３）	４月	第３次浜松市総合計画新基本計画において、音楽文化都市構想を掲げ、都市づくりの目標のひとつとして「世界の音楽文化が薫る都市づくり」の推進を位置づける、音楽振興課が設置される
	通年	市制80周年を記念して、第１回浜松国際ピアノコンクールや世界青少年音楽祭など国際的なイベントを開催 第１回市民オペラ「カルメン」を開催
1992（平成４）	６月	民間企業等との音楽イベントとして、ハママツ・ジャズ・ウィークがスタート
1993（平成５）	７月	アクトシティの運営母体となる財団法人アクトシティ浜松運営財団を設立
1994（平成６）	10月	アクトシティがオープン
	11月	第２回浜松国際ピアノコンクールを開催
	通年	音楽文化を担う青少年団体の育成事業として、小学３年生から高校３年生までの子どもたちによる「ジュニアオーケストラ浜松」と少年少女合唱団「ジュニアクワイア浜松」が活動開始。
1995（平成７）	４月	公立では日本初の浜松市楽器博物館がオープン
	10月	アクトシティ浜松とプラハ国立歌劇場（チェコ）が劇場間の友好交流協定を締結
1996（平成８）	４月	第４次浜松市総合計画基本計画において「個性ある市民文化の創造と発信」の中に「音楽文化都市構想の推進」を施策の体系の柱として位置づける
	10月	ロチェスター市（アメリカ）と音楽文化友好交流協定を締結
1997（平成９）	11月	第３回浜松国際ピアノコンクールを開催
1998（平成10）	４月	音楽文化を担う人材の育成を目的として浜松市アクトシティ音楽院を創設 （アカデミー・コミュニティの両コース）
	10月	浜松国際ピアノコンクールが国際音楽コンクール世界連盟に加盟
2000（平成12）	11月	第４回浜松国際ピアノコンクールを開催

2001（平成13）	3月	第4次浜松市総合計画新基本計画において「豊な個性と創造性を育てる市民文化都市4の中に「音楽のまち・浜松の推進」を位置づける 浜松市文化振興ビジョンを策定
	年間	市制90周年を記念して、公募の市民400人で構成された「市制90周年祝祭合唱団」が「カルミナブラーナ」を合唱したのをはじめ、世界青少年合唱祭、市民オペラ「三郎信康（改訂）」、こどもミュージカル「デイ・ドリーム」の音楽事業を開催
2002（平成14）	年間	市民が体感できる、市民が気軽に楽しめる「音楽のまち」を推進するため、「街角コンサート」や「パイプオルガンコンサート」などをはじめる
2003（平成15）	年間	浜松市アクトシティ音楽院コミュニティコースを充実、都市・自治体連合（UCLG）の前身の国際自治体連合（IULA）に加盟
	10月	第58回国民体育大会「NEW! ！わかふじ国体」に出場する選手、大会関係者やお客様を浜松らしく迎える「歓迎コンサート」を開催
	11月	第5回浜松国際ピアノコンクールを開催
2004（平成16）	年間	アクトシティ浜松開館10周年を記念して、浜松市民オペラ「魔笛」、ジュニアオーケストラフェスティバルin浜松、こどもミュージカル「5月生まれ」を開催
	5月	IULAがUCLGへの統合により、UCLGの会員となる
2005（平成17）	7月	12市町村合併
2006（平成18）	3月	浜松市楽器博物館を増床し、リニューアルオープン
	11月	第6回浜松国際ピアノコンクールを開催
2007（平成19）	3月	ロチェスター市との姉妹都市締結を記念してジュニアオーケストラ浜松を派遣
	4月	政令指定都市に昇格
	8月	浜松世界青少年合唱祭'07を開催
	9月	浜松市民オペラ「ラ・ボエーム」を上演
2008（平成20）	3月	浜松市芸術文化情報ポータルサイト「はまかるドットネット」を開設
	6月	こどもミュージカル「この星に生まれて」を開催
2009（平成21）	3月	浜松市文化振興ビジョン策定
	5月	札幌市との音楽交流都市宣言を行う
	10月	第24回国民文化祭・しずおか2009を開催
	11月	第7回浜松国際ピアノコンクールを開催
2010（平成22）	8月	ユネスコの創造都市ネットワーク加盟（音楽部門）を目指した浜松創造都市推進会議が発足

出所：浜松市の音楽のまちづくりの歩みを基に筆者作成

2005（平成17）年4月26、27日に都市・自治体連合（UCLG）のアジア太平洋支部（ASPAC）総会が韓国・大邱市で開催された。同総会には北脇保之市長（当時）が参加し、「日本における地方分権化の促進および浜松市の実例」という演題で講演もしている。

講演後には会場から、質問が出るなど、日本の地方自治、とりわけ合併に対する関心の高さがうかがえたという。詳細は筆者執筆の『地方行政』[79]に譲るが、市長の講演は①日本の地方自治制度②中央集権体制の終焉③地方分権の時代へ④市町村合併⑤三位一体改革（浜松市の合併への取り組み）⑥環境と共生するクラスター型の政令指定都市――が内容となっている。

幅広い会員都市と都市間連携を進めた成果として、2009（平成21）年9～11月にかけて浜松市内で開催された「浜松モザイカルチャー世界博2009」[80]では、UCLGのネットワークを活かし会員都市に参加を呼び掛けたところ、北京市（中国）、上海市（中国）、仁川市（韓国）、釜山市（韓国）、台北市（台湾）、ジャカルタ市（インドネシア）、カトマンズ市（ネパール）、バルセロナ市（スペイン）、ハーグ市（オランダ）、ジュネーブ市（スイス）、モントリオール市（カナダ）、リーブルビル市（ガボン）の世界諸都市が参加している。

2010（平成22）年6月28日には、UCLGアジア太平洋支部（ASPAC）執行理事会がシンガポールで開催され、執行理事に就任している鈴木康友市長が出席している。

2010（平成22）年10月19～22日、第3回都市・自治体連合アジア太平洋支部コングレス2010浜松が、アクトシティ浜松で開催された。

同コングレスのメインテーマは、「グローバル化への対応」で、トピックスとして①多文化共生②気候変動③地域資源を活用した観光振興④経済分野における都市間連携――を取り上げた。

同コングレス開催期間中の21日の総会において、コングレスで議論されたことを中心にまとめた「浜松宣言」を採択しているが、その宣言は次のとおりである。

〈浜松宣言〉

我々、都市・自治体連合アジア太平洋支部（UCLG ASPAC）の会員は、2010年10月19日から21日まで、浜松市で開催された「第3回都市・自治体連合アジア太平洋支部コングレス2010浜松」に参加した。

今回のコングレスでは、“グローバル化への対応”をメインテーマとし、基調講演並びに（1）多文化共生（2）気候変動（3）地域資源を活用した観光振興（4）経済分野における都市間連携をテーマとしたセッションを開催し、各都市・団体の先進事例を共有すると共に活発な意見交換が行われた。

参加した都市・団体は、今回のコングレスの成果をアジア太平洋地域の更なる発展に繋げるため、以下の通り宣言する。

我々は、グローバル化の進展により、国境を越えた人の移動が一層活発になるなか、地域社会において、国籍や人種、文化的背景の異なる住民同士が、互いの文化や価値観に対する理解と尊重を深めるなかで、健全な都市生活に欠かせない権利の尊重と義務の遂行を基本とした真の共生社会の形成をすべての住民の参加と協働により進めていく。

なお、UCLG ASPACはこれまでも、多文化共生と文化的多様性を促進するユネスコの政策を支持してきた。

我々は、将来の世代に豊かな地球環境を残し、持続可能な発展を目指すため、都市の発展と環境の保全が両立するまちづくりを進める。気候変動の影響が表面化するなか、我々はその影響の抑止のために市民やコミュニティと連携していく。また、先進的な技術やノウハウの普及について、都市間の連携を深めるとともに、国連関係機関をはじめとした国際機関との連携を強化し積極的に取り組んでいく。

さらに、UCLG ASPACは貧困の緩和や地方分権、その他の社会的な課題に対して精力的に取り組むために、国際連合人間居住計画といった協力的な国連関係機関と連携する機会を歓迎する。

経済の分野を中心にグローバル化が一層進展するなか、各都市が相互に補完し、連携を促進することにより、アジア太平洋地域全体の国際経済力を高めていく。また、本地域の有する特色ある文化や貴重な資源を認識し、その魅力を協力して世界に向けて発信するとともに、各地域の観光振興について連携する。

人と人、都市と都市、地域と地域の交流の積み上げによる信頼関係の構築は、世界平和を維持するうえで、国家間外交を補完する重要な役割を担っている。我々は、アジア太平洋地域、さらには世界の永続的な平和の構築のため、都市間外交を積極的に推進する。

そして我々は、市民の期待に応えるべく、中央政府、広域自治体、基礎自治体の各層の違いを乗り越えて、連携した取り組みを求めていく。

2010（平成22）年11月16日～11月20日、UCLGの世界コングレスが、メキシコシティ（メキシコ）で開催され、浜松市からは世界組織の評議員に就任している浜松市長の代理として山崎泰啓副市長が参加している。

浜松市は加盟に先立つ2年前の2001（平成13）年には、国際化の指針となる「世界都市化ビジョン」を策定し、「世界都市・浜松」の実現に向けて取り組んできた。このことからも、確実に目標を定め、戦略的に動いていることが読み取れる。

さて、このUCLGでは、“Agenda21 for culture”（文化のためのアジェンダ21）が2004（平成16）年に採択されている。文化のためのアジェンダ21は、都市および地方自治体が文化発展のために基盤を構築する必要があるという使命を明記した、世界初の公式な文書である[81)]。

太下義之は、季刊『政策・経営研究』2008.vol.1.の中で「創造都市バルセロナの文化政策：文化と経済が共に発展するための戦略」と題し、創造都市バルセロナの文化政策について歴史的経緯や背景を踏まえた取り組みをまとめている。

太下によれば、地球規模の経済的・文化的環境の変化に対応するために文化のためのアジェンダ21の視点を応用しながら、その戦略的思考を促進することを目的として、「New accents 2006」が策定されたとしている。

では、太下の記述から、バルセロナ市の文化政策に与えた文化のためのアジェンダ21とは何かについて理解を深めたい。

後先になるが、この「New accents 2006」は、正式には「New accents 2006 BARCELONA STRATEGIC PLAN」であり、1999（平成11）年には最初のBarcelona Strategic Planが策定されたばかりで、2010（平成22）年までが対象期間だったという。

この期半ばにしての改定について、太下は、①旧プランでの将来イメージと現実のバルセロナ市がまったく違うものになってしまい、旧プランでは変化に対応しきれなくなった。特に、移民、観光者などがバルセロナに多数来ることによって、文化面でも大きな変化があった②旧プラン下の2004（平成16）年時点で目標の一部は既に達成された。この時期までに大規模な文化施設が整備されたため、ハード面では欧米の大規模な都市とほぼ同水準となっていたこと。さらに、文化関係の産業の萌芽が集中的に見られるようになってきた③文化のためのアジェンダ21が策定されたこと——を挙げている。

ちなみにバルセロナ市は、スペイン第2の都市で、面積は浜松市の約15分の1の100.4㎢、人口は浜松市の約2倍の約161万人。移民数が急激に増加したため、2001（平成13）年には約7.4万人だった移民は、2006（平成18）年には26万人強と約4倍に増加し、市内に住む人の約14%を占めている。

また、バルセロナ経済圏は人口約477万人である。これに対し浜松市は、外国人登録者数2万8,525人[82]で約3.5%、また、三遠南信流域都市圏の人口は約230万人である。

太下によると、バルセロナ市内への観光客数は1990（平成2）年には約170万人だったが、2006（平成18）年には約670万人へと大幅に増加し、特にヨーロッパ域内からの観光客が増加している点が特徴となっているという。詳細は太下論文に譲るとして、先に紹介したBarcelona Strategic Planでは「バルセロナ市は、都市生活への参加者や社会的統合を進めるための重要なエンジンとして“文化”を位置づける」ことを謳うことで成功を収め、スペイン国内他都市へ伝播されていった。

太下は同論文の中で「経済と文化がともに発展するための戦略」[83]として、①総合政策としての文化②文化多様性③新しい“公”——の三つを文化のためのアジェンダ21から重要なキーワードとして導き出していることに注目したい。

太下は、そもそも「文化」とは、文字通りに狭義の芸術文化の分野だけに限定されるものではなく、まちづくり（都市開発）、産業、教育、福祉など、様々な政策分野と密接な関連を有しているとしたうえで、文化のためのアジェンダ21も、単なる文化政策のみでなく、政策全般すなわち政策統合の観点からの提言である点が特徴となっていると述べている。

そのうえで、「地方の発展の質は、文化政策と他の公共政策、つまり社会、経済、教育、環境および都市計画の構成によって決まる」（第10項）とあり、文化振興が狭義の文化政策に留まらず、他の公共政策との政策統合が必要であることが指摘されている―― としている点は、まさに本書で筆者が合併によって最初につくられた新市建設計画はまちづくり計画であり、その市町村合併を文化政策の視点でまちづくりに活かすチャンスと述べたことに相通じるものである。

こうした点からも、浜松市が合併以前から日本唯一の加盟国としてUCLGの会員となっている意義は大きい。2004（平成16）年といえば、浜松市が翌年の合併を控えていた時期でもある。

合併による新市建設計画がまちづくり計画であるならば、合併と文化のためのアジェンダ21を左右の手にした浜松市のとるべき方向性は、かなり焦点が見定まっていたことになる。

少なくとも筆者は、合併という事象は他章でも述べてきたが、文化政策を総合政策の視点で行うまちづくりの千載一遇のチャンスだと思っている。

少なくとも、浜松市の方向性は世界を意識し、ユネスコの創造都市ネットワークへの加盟を意識していった。世界中で活躍する日本の楽器メーカーの本拠地が浜松市にあり、本拠地の都市が創造都市ネットワークの音楽部門に加盟することは、必然性があったのかもしれない。3年ごとに開催される浜松国際ピアノコンクールが表5.1のように2009（平成21）年の段階ですでに7回の実績があり、その評価についても高くなっている[84]ことを考慮するならば、機は熟していると見るべきであろう。

浜松市が、2009（平成21）年3月に改定した文化振興ビジョンにおいて創造都市への意気込みを見せているのも、UCLG参加時の世界都市を目指す浜松市にはそうした戦略があったのであろう。

2011（平成23）年度予算では、“音楽の都”に向けた挑戦と市民主体の文化芸術活動の推進のため、ユネスコ創造都市ネットワーク加盟事業として、583万円の予算を組んだ。この事業は、世界創造都市フォーラムを開催するためで、具体的には加盟都市であるボローニャ（イタリア）、セビリア（スペイン）、グラスゴー（イギリス）及びゲント（ベルギー）の文化政策事例発表とシンポジウムの開催である。

また、ここで紹介したUCLGへの参加を通じて海外諸都市と連携を図るとともに、UCLGの取り組みについて国内外へ情報発信する事業費として617万8,000円を盛り込んだ。

浜松市がUCLGへ参加した理由は、世界都市を目指すため、世界諸都市との連携を進め、人や情報のネットワークを広げるためであった。

今後、ユネスコ創造都市の音楽部門を目指す浜松市にとっては、UCLGの加盟意義はますます強固なものとなろう。

さらに、鈴木康友市長が掲げる「アジアで一番輝くモノづくり都市・浜松」という構想にとってもUCLG太平洋支部に属し、アジア各国の加盟都市と交流があることはメリットとなろう。

この構想は、農林水産業を始めとしたあらゆる分野の浜松ブランドを、日本国内だけでなく海外へ発信し、一方で、国内外からの企業誘致も積極的に行うものである。

そのことを実現するためには、都市に魅力がなければならない。筆者は文化政策を「文化のもっている魅力を引き出すことにより人と人を結びつけ、地域力を高めるもの」と定義しているが、その際の文化とは、ここでいうと「磁力を持つ」、「人や地域を成長させる力を持つ」ものであり、市長が掲げる構想を実現するためには、文化を基底とした都市経営がしっかりとした土台となっていることが必要であろう。

第２節　行革審における文化政策論議

第４章第１節合併前後の文化政策の変動要素の中で、市の文化政策に影響を及ぼす要素の一つとして行革審を取り上げた。行財政改革そのものは、これからの自治体経営の中で限られた財源をいかに有効に配分していくかということであり、そういう意味でいうと、文化政策の諸事業を見直す必要性が出てくるばかりでなく、全事業にもその必要性があることを踏まえなければならない。

本節では、行革審で議論された外郭団体の浜松市文化振興財団について、論点やその際に提出された資料に基づいて浜松市の文化政策を検証してみたい。

《2005（平成 17）年 11 月 13 日・第６回審議会》

第１次行革審の第６回審議会は、外郭団体の一つである浜松市文化振興財団（所管は文化・スポーツ振興部）を取り上げた。

同審議会に提出された資料を整理すると次のとおりである（なお、スポーツ振興課関係については省略させていただいた）。

2005（平成 17）年現在の組織は、文化・スポーツ振興部（文化政策課とスポーツ振興課の２課４グループで構成し、所管する外郭団体は４団体）である。

文化政策課は、芸術文化事業の企画、実施と施設管理をする芸術文化推進グループと音楽振興事業を推進する音楽のまち推進グループに分かれている。

文化政策課が所管する外郭団体は①財団法人浜松市文化振興財団（芸術文化の振興など浜松市の文化政策を担う公益法人）②株式会社アクトシティマネジメント（アクトシティの官民共有部分の管理）③浜松熱供給株式会社（アクトシティ全体の地域冷暖房の供給）――の３団体である。

次に、予め提出された資料では、人、事業、組織、部外（市全体）、外郭団体の健全化――について、現状、課題、改善策が示されている。

まず、人の面では、政策を担う人材育成で、①専門的な知識、経験が求められる②新たな事業の企画立案や活発化のための施策を産み出すことができる③市民（団体）との相互連携などネットワークをコーディネートできる――ような人材が必要で、職員の適正能力を見極めたうえで、適材適所の活用、民間との交流を活発に行い政策や事業に活かしたいとしている。

事業の面では、文化事業の性質（①文化事業には継続実施によって、効果が生まれるものが多い②参加する市民、鑑賞する市民も継続を期待している）、文化事業の実態（①継続事業の実施は限られた財源のもとで実施②結果的に新規事業の展開を難しくしている）、文化事業の進め方（①既存事業の見直しを関係者と進める②新規の事業の取り組みに当たっては、目標と効果を明らかにするとともに終期を定めて実施する③市民、企業との共催事業については、実施主体を市民等に移行できないか、その可能性を探る④音楽振興基金やイベント・コンベンション基金が減少してきており、浜松国際ピアノコンクール等の大型事業や臨時事業に充当先を限定⑤事業の展開に当たっては行政が行わなければならない事業の選別や、資金協賛の拡充等を積極的に進める）——と文化事業を性質と実態に分類したうえで、進め方を模索していることを示している。

組織の面では、事業の大部分が市民、企業、公益法人との共催や公益法人への委託事業で運営されている。このため、事業の趣旨、目的を再確認し最も効果が現れるよう市、市民、企業等の役割分担のもとに実施する。また、公益法人の文化振興財団を施設管理受託型から、市の文化振興の一翼を担う自主・自立的な事業展開型法人への転換を促す——としている。

部外（市全体）の問題点としては、文化振興と生涯学習の二元執行体制（文化・スポーツ振興部は、音楽、文芸、映画、演劇、茶道などの芸術文化系の事業を担当し、教育委員会の生涯学習部は、美術館、科学館、公民館、図書館の施設運営や市民の学習活動の支援等を担当）を挙げ、文化振興と生涯学習が重なり合う分野もあるので、わかりやすく、より効果的な施策の展開を図るため、一層の連携強化や組織の見直し、一元化が必要と考えているとした。

また、積極的なシティプロモーションの展開が必要であることから、「音楽のまち・浜松」の推進など文化の果たす役割は大きく、他部門と連携して積極的にアピールしていくとした。

外郭団体の経営健全化（財団法人浜松市文化振興財団についてのみ抜粋）については、①財団の前身の浜松市文化協会は、1986（昭和61）年に設立、文芸から天文科学まで幅広い文化芸術活動の振興を図ってきたこと②アクトシティ浜松運営財団はアクトシティ浜松のオープンの前年、1993（平成5）年に設立され、音楽文化発信の拠点としてさまざまな事業を行うとともに、地域の文化振興や人材の育成を進めてきた―― ことを説明した。

そのうえで2005（平成17）年4月に統合された両財団は、浜松市文化振興財団となっており、文化関連の公益法人として一層の機能向上と組織の強化を図り、より充実した文化振興事業の展開、施設運営の一体化による効率化、自主財源の安定的確保を目的として発足したと説明している。

財団の基本財産は21億3,700万円で、このうち、浜松市の出損金は20億円である。

今後は、政令指定都市を目指す浜松市の文化振興の事業を推進する核として、文化振興事業や市民活動への支援、施設運営とサービスの向上など、自主的・自立的な財団運営を図っていく。

正規職員が若年層に集中分布（表5.2参照、20、30代81人で全体の65.6%）しているなど、職員構成のアンバランスが課題である。このため、市派遣職員の計画的な引き揚げとあわせ、経験豊富な人材を採用するなど、人的な面での自立を促す。また、財団職員の研修等を通して人材の育成を図っていく。財団採用の職員は75%で、2005（平成17）年7月1日現在で市からの派遣は8人となっている。

予め提出された資料に基づき説明がなされた後、質疑に入った。

文化・スポーツ振興部長（徳増幸雄）―― 財団が管理しているアクトシティは器の利用なので、その器をどう売っていくかということに重点を置かなけれ

表5.2　浜松市文化振興財団の年代別構成

	20代	30代	40代	50代	60代	70代	合　計
非常勤嘱託員	33	14	4	1	4	0	56
常勤嘱託員	0	0	0	3	13	0	16
正規職員	11	21	3	3	0	0	38
市派遣職員	0	3	3	8	0	0	14
役　員	0	0	0	0	0	1	1
合　計	44	38	10	15	17	1	125

出所：浜松市行財政改革推進審議会資料2（文化・スポーツ振興部）より作成。

ばならない。

委員（辻琢也）——財団を設けた当初の目的は、旧管理委託制度のもとで、公の施設等について、財団等を設けないと管理できないというのが原点にあった。効率化していくために直営ではやりきれなくなり、再委託に出すケースが多くなっているが、この財団の場合はホールの施設維持管理等について、直営で行われている部分がどのくらいで、どの程度再委託できるのか。もう一つは、職員構成のアンバランスを是正していくことはある意味で良いが、今後費用面で民間団体と競争していくと、市の財団であることから、ある程度市の給与体系を意識したなかで独自の給与表を作ることになるので、職員給与費は割高になってくる。そこをどう考えているのか。

文化・スポーツ振興部長——文化振興財団は、二つの法人（アクトシティ浜松運営財団・浜松市文化協会）を合併して設立したが、両方とも当初の設立目的は公の施設の管理にあった。したがって、それに占める収入、支出も管理費が多い。財団のこれからのあり方とすると、管理から事業へ展開していかなければいけないと考えている。その点で、いろいろな面でノウハウの蓄積が欠かせない。そこが一つ目の課題。

職員も今までのアクトシティ浜松運営財団の寄附行為、会社でいうと定款に当たるもので、アクトシティのなかでの活動に限られていた。例えばコンベンションを打つとしてもアクトシティを使う、アクトシティのなかでのコンサートをやるという制約があったが、新しい財団ではそれを取り外し、職員自体の知恵と考えにより、浜松市内はもちろん、いろいろな事業展開ができるようにした。再委託については、舞台関係など特殊技能を必要とする業務は、設備保守を主に、約８億円の委託料で再委託している。

人件費の構成については、現在は市の給与表に準じているが、もう少しインセンティブが働くようなかたちに組み立てていかなければいけないと思う。その点については、財団自身で理事会を通して考えていってほしいと考えている。

《2006（平成18）年3月13日の答申書》

答申書では、合併した12市町村が効率的な政令指定都市を目指す以上、旧市町村でばらつきのある諸制度（水道料金・下水道使用料など）については早急に一本化することが必要である。そのうえで、地域固有の文化や伝統芸能の継承、あるいはスクールバスの運行のように地理的要因に伴うものなどについては、地域の多様性を尊重することも必要である――とした。

答申の中で、まちづくりや文化政策等関連項目については次のように記している。

指定管理者制度については、①市が直営で運営している施設は、機能及び効率性を考慮のうえ、速やかに指定管理者制度を導入する②選考に当たっては、市当局以外の第三者を含めた選考委員会等により選考を行う③受託した指定管理者の評価については、業務の遂行にかかる明確な基準を設定し、次回の選考の参考とする――ことの3点を求めた。

財団法人浜松市文化振興財団については、前述のとおり審議の内容を紹介してきたが、それらをふまえた答申内容には、①統合による効果を明確化にしたうえで、スリム化した運営を行う②市の負担を減らすために、人件費（125名、6億3千万円）の見直し、自主事業のうち不採算事業の廃止、受託事業の評価（仕組みの構築と効率性・透明性の確保）、委託事務事業の改善（入札等の実施）と情報の公開に取り組む③文化振興の推進と管理施設の稼働率向上（財）浜松市文化振興財団の設立目的である「優れた芸術文化の提供・交流・創造・発信」をより一層推進することはもとより、行政、民間企業、各種団体との連携を強化し、積極的な営業活動の展開及び施設稼働率を向上させる――ことの3点が盛り込まれた。

《2007（平成19）年3月20日の行財政改革に関する最終答申》

最終答申では、2006（平成18）年3月の答申を受けて、同年3月末に新たな行革への取り組み計画（浜松市行政経営計画）を策定した。これにより行革審は、2006（平成18）年度においては市の行政経営計画の具体的な取り組み内容、進捗状況のチェックなど行財政改革に対する市の考え、姿勢、対応等を確認しながら審議を行ってきた。

今後も「都市経営」という視点で市政を運営するために、①情報公開、説明責任を徹底する広報機能の充実②国準拠や他都市との比較という横並びの発想を払拭し、行財政改革においてナンバーワンを目指すこと③市議会の調査能力の向上に向けて議会専用の調査機関を設置すること――などを要望し、2007（平成19）年度3月末（見込み）の評価を付した。

答申どおり実施は264項目中154項目で58.3%、一部実施24項目で9.1%、未実施67項目で25.4%、保留19項目で7.2%とした。

《2007（平成19）年12月24日の2008（平成20）年度予算に向けた提言》

第2次行革審は2008（平成20）年度予算に向けた提言で、他の政令指定都市と同じ経営をしていたら、財政が立ちゆかなくなると警鐘を鳴らした。

新市長の下での行革審となったが、市長の掲げる「こども第一主義」の政策提言を挙げ、それを実行するには、「財源」はあるのだろうかとして、行財政改革の必要性を訴えた。少子高齢化の流れの中、高齢者と子ども、そして社会的弱者を大切にする施策を実現するためには、長年の慣れ合いや慣行を廃し、行政のムダを徹底的に削るしかない、それが行財政改革だと位置づけた。

2006（平成18）年3月の答申の進捗状況は、2007（平成19）年8月現在で、答申どおり実施は264項目中184項目（前回154）、一部実施56項目（同24）、未実施23項目（同67）、保留1項目（同19）だったとした。

また第1次行革審にかかる行革効果額は、毎年経常的に費用が削減されるものが45億円、一時的な単年度の費用削減額が38億円、計83億円、10年間で試算すると約490億円という評価を市からもらったと報告している。

提言の具体的項目として①地域固有の伝統、文化にかかわるものなど合併旧市町村に限定的な補助金については、区によるまちづくりへ寄与する意味からも、2008（平成20）年度において、それらを区単位に統合し、統一的な基準のもとに、区の裁量で執行する制度を創設すること②補助金が統合されることを、趣旨も含めて区や地域へ伝え理解していただくとともに、実効性のある事後評価の仕組みを構築すること――などを提言している。

《2008（平成20）年10月13日の第5回行改審》

第5回審議会において福田幹男・生活文化部長は、㈶浜松市文化振興財団の基礎データとして、2007（平成19）年度決算による基本財産等は、資本金が21億3,800万円でこのうち市の出資額が20億円、出資割合は93.5%。財政依存状況は、総収入31億700万円、市から文化振興財団への支出は指定管理料等を含め19億5,900万円で依存度は63.1%と説明した。

事業は大きく分けると①施設の管理・運営事業はアクトシティをはじめ、楽器博物館、クリエート浜松など11施設の指定管理事業②受託事業はアクトシティ音楽院などにおける事業開催、ジュニアオーケストラやジュニアクワイアなどの人材育成、埋蔵文化財の発掘調査など③自主事業は、主に大中ホールを利用してコンサート、オペラ、ミュージカルなど市民要望の高いイベントを開催④負担金事業は、市や民間企業と実行委員会を組み、国際ピアノコンクールや吹奏楽大会、市民オペラなど規模の大きい事業を行う⑤法人管理は、財団自身の労務や財務などの総務事務――の五つと説明している。

また、行革審の答申に対する対応状況としては次のように説明している。

統合による効果の明確化については、財団法人浜松市文化協会と財団法人アクトシティ浜松運営財団との合併に際して役職員を86人から30人に削減し、これに伴い非常勤役員は無報酬とした。また、組織体制の見直しにより、職員数を削減し、退職手当支給率も最大で20%削減した――とした。

市の財政負担の軽減化については、自主事業によって得た収益を、公益性・発信性の高い市の事業に充当することにより、市の負担を軽減している。また、施設の稼働率、イベント等の観覧者数を向上させることで料金収入の増加を図るとともに、管理経費を節減させることにより、市の管理料の削減に努めている――とした。

文化振興事業については、市の中心部だけではなく、合併した天竜や浜北など広域的に自主事業を展開している。また、稼働率の向上については、民間企業や関係団体等の連携を強化し、音楽関係団体や商工会議所、各種学会事務局などへ積極的な営業活動を実施している――とした。

公募制への移行（指定管理者制度）については、11の施設のうち、アクトシティ浜松、楽器博物館、科学館の３施設を条例に基づいて非公募としている。これらの施設の公募移行は、指定期間が終了する2010（平成22）年度のため、現在の指定管理の状況評価や市の政策を担い得る管理者の選定方法について考慮して決定する。楽器博物館と科学館については早い時期に公募制に移行したいと考えているが、アクトシティ浜松については市の文化政策等と密接に関係していることから、諸課題を解決していく中で決定し移行したいと考えている――とした。

事業については、市は文化振興のための指針を作り、その指針に従って文化施設全般を立案している。これに対して文化振興財団は市の政策に従い、計画された文化事業を実施している。特にアクトシティについては、施設の能力を十分に発揮し、運営していく役割を担っている――とした。

《2009（平成21）年３月19日の2008（平成20）年度答申書》

この答申では、行財政改革の第一歩は市民の目線で行政を見ることとし、①80万市民が「なぜ行財政改革に取り組むか」を考え②市民の負託を得られた市議会がリーダーシップを発揮し③市職員の意識改革と先頭に立った取り組みにより――全国ナンバーワンの行財政改革を実現しようと呼びかけている。

行財政改革の推進①行革審の答申・提言を実施するための体制を整備すること②市内部で行財政改革のPDCA[85]サイクルを確立すること③情報公開を徹底すること④職員の行財政改革に対する機運を高めること――を答申の具体的項目として示し、中でも一つ目の体制整備では、答申・提言を実施するための工程表を作成し、行革審に提出、審議会で検証した後工程表を確定し、任期終了後も第三者が工程表の進行管理を行うよう求めた。

また、㈶浜松市文化振興財団については、2007（平成19）年度の文化振興財団の総収入31億766万円のうち、アクトシティや科学館など市の施設の指定管理によるものが24億8,685万円で80％を占める。アクトシティなど３施設の指定管理は非公募で、その指定管理料は19億341万円である（利用料金制の料金収入含む）。

事業の80％が施設管理と偏重していて、その大部分が非公募により競争から保護されている。公募により早晩競争にさらされるか、文化振興財団でなければ任せられない特別な理由により非公募が続くか、そのどちらにしても、文化振興への寄与を市民が認めなければ財団は生き残ることは出来ない——とし、"優れた芸術文化の提供・交流・創造・発信をより一層推進すること"を求めた。

行革ナンバーワンを目指すということは、筆者は、市民アンケート調査結果（第７章第１節参照）のように満足度を維持しながら為し得るものと理解している。仮にある事業の質・量を落としたとしても市民が満足できる水準を保つことである。

つまり、市民の合意を得ていくことが肝要となる。そのことは市民協働でまちづくりを進めていく過程においてある種の地域文化が育っていくようなもので、市民協働の仕組みをつくり出す文化の醸成が現代のまちづくりにおいては最も大切なことであろう。

個人の家計簿と同じように地域の家計簿ができあがれば、行財政改革は地域主体でも出来ることになろう。

行革ナンバーワンはボトムアップの意識改革の形等を含めた仕組みづくりができることを指すというのも、あながち、的を外した議論ではないと思う。

《2010（平成22）年３月28日の第３回公開審議会》

第３次行革審の第３回公開審議会は、文化振興財団に関する審議の冒頭で御室健一郎会長は、文化振興財団の改革プランについて審議し、市民への優れた芸術文化の提供をどのように担っていくべきなのか市民とともに考えていきたい——と述べたのに続いて、池谷和宏生活文化部長が行革審答申に対応した2009（平成21）年度の取り組みについて説明した。

行革審答申を受け、アクトシティ浜松運営財団と文化協会の統合によってスタートした統合による効果が不明確であることから、具体的な効果を明確にしたうえで効率的、スリム化した運営を行う。そのことについては、財団役員の削減、非常勤役員の無報酬化、事業の整理、市派遣職員の計画的削減を行ってきており、役員数86人から29人へ、職員数123人から113人へ、さらに派遣職員数13人から4人となっていることを説明した。

また、優れた芸術文化の提供、交流、創造、発信については、文化振興ビジョンを改定し、財団の役割を明確化[86]していると説明した。

そのうえで池谷部長は、①財団の設立目的である市民文化の向上、市の文化振興を図る役割をより一層推進するために文化事業を展開する必要があること②財団の総収入のうち、施設の指定管理によるものが79%を占めていることから、文化振興と施設管理について明確に機能を分け、文化振興に特化すべきではないかということ③低金利時代に基本財産の管理運用の手法――に課題があることを説明した。

さらに池谷部長は、指定管理については2009（平成21）年度更新時に4施設を公募とした。現在の非公募施設は、アクトシティ浜松、楽器博物館、科学館の3施設となる――などこれまでの取り組みを説明した。

最後に、今後の考え方として①文化振興に関しては、適正な内部留保を確保し、継続的に実施していく②指定管理施設の稼働率向上により利用料金の確保を図っていく③2010（平成22）年度に公益財団法人の認定を取得し、市の文化振興を担う公益法人として、より一層文化活動を推進する――ことなどを述べ説明を終えた。

その後の質疑で、指定管理者制度で運営する理由は何か、また、施設管理と文化振興を分離する考え方はできないのかについて池谷部長は、「文化振興は市の施策の柱である。行政が直接行うより、専門性の高い文化振興財団がやることで文化振興を効果的かつ効率的に進めることが可能と考える。市直営でやるよりも、財団等を含めて指定管理者制度でやることを考えている。市直営の場合、施設管理やソフト事業を別個に入札等により業務委託を行うことになり、それらについて文化振興財団に業務委託または随意契約することはできない。施設そのもの、例えば管理と運営を含めて包括的に受託してもらう制度となる」として施設管理と文化振興をセットで指定管理する必要性を明確にしている。

《2010（平成 22）年 12 月 14 日の中間答申》

本答申の総論では、市は第１次、第２次行革審を通じた市政全般にわたる行財政改革についての答申・提言の実効性を確保するために、これまで市の行財政改革の取り組みと行革審答申への対応状況を別々に進行管理してきたが、2010（平成 22）年度から行革審答申の工程表を行政経営計画に反映させ一元的に管理することとした。

市は、工程表の進行管理のために、引き続き市民の目線による市の対応の検証を行うこととし、2009（平成 21）年 10 月に第３次行革審を設置したと経緯を述べた。

この工程表に行革審は①有効活用されていない進行管理②つくることが目的化している市の計画③職員の意識改革は進んでいるのか？――の３点を指摘し、①実施計画の見直しを行うこと②日常的な進行管理と見直しができる体制を整備すること③進行管理できる単位に取組項目の分解、統合を行うこと――などの答申を行った。

さて、外郭団体に関する答申の内容であるが、現状における課題の項目では、自立化と統廃合で外郭団体を必要最低限に、と求めた。

市は、外郭団体のあり方を見直すべきという行革審の答申を踏まえ、2008（平成 20）年４月に「外郭団体の設立及び運営に対する関与の基本方針」を定め、この中で、市が設立に関わり、市と人的・財政的に強い結びつきを持つ団体を外郭団体と位置づけ、存続や統廃合など運営の責任を持つことを明らかにした――という背景がある。

㈶浜松市文化振興財団については、2009（平成 21）年度の文化振興財団の総収入 28 億 2,000 万円のうち、市の施設の指定管理によるものが 22 億円（利用料金制の料金収入含む）と 78％を占めており、指定管理に偏重している。

収入の多くを指定管理、特に非公募分に依存しているため、今後、公募が進み、指定管理を受けることができなくなった場合、財団の生き残りは困難となる。財団が生き残るためには、文化振興により一層力を注ぎ、財団の存在意義を市民に認めてもらう必要がある。

また、文化振興財団は、埋蔵文化財の発掘業務を市から受託しているが、財団本来の業務とは異なるものである、と指摘した。

その結果①施設管理部門を切り離して文化振興財団本来の目的である優れた芸術文化の提供・交流・創造・発信などのソフト事業に特化すること②芸術文化の提供・発信を行う自主事業については、真に文化振興に寄与するよう、事業評価等による見直しを毎年度実施すること③様々な団体や個人など、多様な担い手が文化・芸術活動に主体的に参画できるよう、活動への支援の充実など環境を整備すること④文化振興財団本来の業務に注力するため、埋蔵文化財の発掘業務から撤退すること――の4点の答申を行った。

以上のとおり、行革審での議論は、①文化振興と生涯学習の二元執行体制の問題意識を持ち、組織改編の流れとなったこと②外郭団体の指定管理のあり方の問題③浜松市文化振興財団の設立目的である「優れた芸術文化の提供・交流・創造・発信」という本来の事業への期待感④地域固有の伝統、文化に関わるものについては、区によるまちづくりへ寄与すると答申内容に反映されたこと――など文化振興の必要性を認めたうえで、合理化と合目的な組織運営、体制等を求めた内容となった。

いずれにせよ、文化政策が市民に受け入れられるためには、シンプル、わかりやすい、透明性、合目的、まちづくりに役に立つ、固有性（オリジナリティ）、最適な組織体制で運営されている――ことなど政策の示し方、見せ方の工夫も必要となろう。

第3節　文化政策をつなぐ市長のスタンス～議会答弁から～

浜松市の音楽のまちづくりを中心とした文化政策の歴史を振り返ると表5.1のとおりであるが、直近3代の市長はどのような取り組みをしてきたのであろうか、また、音楽のまちづくりをどのように進めてきたのであろうか、議会での質疑から文化政策に関するところを、筆者なりに要約して検証してみたい。

ここで取り上げる3代の市長は、第19～23代5期20年を務めた栗原勝氏〔1979（昭和54）年5月1日～1999（平成11）年4月30日〕、第24・25代2期

８年を務めた北脇保之氏〔1999（平成11）年５月１日～2007（平成19）年４月30日〕、第26・27代～で、現職の鈴木康友氏〔2007（平成19）年５月１日～〕である。

（1）栗原勝（元）市長の文化政策論

1996（平成８）年12月３日の11月定例市議会で、中村芳正議員は、音楽のまちづくりについてこれまでの評価と今後の展開について市長に質問した。

栗原勝元市長は、1979（昭和54）年に国際児童年を記念して始めた「子ども音楽会」の始まりとともに本格化した音楽文化事業は、社会経済の成熟化の進展や文化を志向する市民意識の高まりと相まって、確かな時代の要請として都市づくりの重要な柱となり、全市的取り組みの中で専門セクションとして全国で初の「音楽振興課」を設置し、音楽に親しみ、音楽を愛する市民風土の醸成に努めてきたと答えている。

こう答弁した後、浜松市の進める音楽のまちづくりは、大きく分けて三つの方向性を持って具体的に進めてきたとした。

①音楽文化都市浜松のイメージを広く全国に、そして全世界に向けて情報発信するもので、国際ピアノコンクールや世界吹奏楽大会を初めとする国際イベントを開催して、浜松市の知名度アップを図ってきた。

②音楽を通じて国際交流を推進するもので、ワルシャワ市、サンレモ市、そしてこのたびのロチェスター市との間で行われる友好交流事業などである。

③音楽による市民文化の振興で、市民参加の代表的な事業としては、現在９部門で浜松音楽祭が行われており、そのほかにもプロムナードコンサートなどの街角での身近なイベントを初め、市内の至るところで市民レベルでの音楽活動が活発に行われている。

この３つの方向性を持って、浜松市の音楽のまちづくりは、国内外において高い評価をいただき、音楽のまち浜松と呼んでいただくまでになり、音楽のまちづくりが広く市民の間に着実に定着しつつある確かな手応えを感じ取っているところで、真の音楽のまちと呼ばれるにはまだまだしなくてはならないことも多いと答弁している。

ここまでであれば筆者は、ありきたりの答弁であろうと思ったが、浜松市の歴史でもふれたとおり、戦後復興の中で、文化不毛と言われた浜松市街を駆け回った若き日の栗原元市長の音楽のまち・浜松は違った。

栗原元市長は続けて、「音楽のまちは、単に音楽だけでなく、美しい町並み、緑豊かな自然、暮らしやすい環境などその呼び名にふさわしい美しい景観、整備された都市基盤などが備わっていなければならない。そのためには、音楽のまちづくりを取り入れた施策の展開を全庁的な取り組みとして、今後も一層充実していく必要があると考えている」と述べている。

このことは、文化を基底とした総合政策としての文化政策の考え方があったことは明らかであろう。

さらに、栗原元市長は、「1994（平成6）年11月にいわゆる音楽振興法[87]（本章末資料5.1参照）が制定された。行政が生涯学習の一環として音楽文化事業を積極的に取り組む時代が到来し、市民の生涯学習を支えていく立場からこれまでにも増して場の提供、機会の提供を図っていくとともに、的確なる音楽情報の提供に努めてゆきたい」としている。

音楽振興法が制定されたのが1994（平成6）年11月で、浜松市はそれより早く独自の音楽振興に着手していたことになる。

この時の質疑の際に、音楽学院に関する質問が出ていた。アクトシティ浜松といういわゆる箱モノだけではなくソフトを重視していた浜松市は、アクトシティのオープン〔1994（平成6）年〕の翌年には公立では日本初の楽器博物館、4年後の1998（平成10）年には音楽文化を担う人材の育成を目的としてアクトシティ音楽院を創設している。

その時の答弁では、「アクトシティ建設時にその設置が計画され……その内容について1991（平成3）年8月に市と第一生命グループでつくるアクトシティ浜松企画実行会議の中に音楽学院調査研究委員会が発足し、各方面の調査と幅広い協議が行われ、1992（平成4）年3月に調査研究報告書が提出された。この報告書は超一流の指揮者、演奏家などの教授陣により一流のオーケストラ演奏家を養成する世界的な学院を設置することが望ましいと結論をつけられ、市としては、この計画を受け、世界的レベルの音楽学院の設置を将来的な課題としながら、当面は段階的な方策として国際管楽器アカデミーや国際ピアノアカデミーなどの音楽セミナーを開催して人材の育成やノウハウの蓄積を図ってきた」とソフト面での充実に関して述べている。

そして答弁の最後には、「文化の振興には長い時間を要するものと基本的な認識を持っている。長い目で見れば、今日のさまざまなこの音楽事業に対する努力は、ようやく著についたということではないかと思っている。市民の皆さんの音楽を愛する心を糧として、さらに全国一の楽器産業が立地する市の特徴を生かし、音楽に包まれた豊かな市民生活の創造と合わせ、新しい音楽文化や音楽産業が育つまちづくりを積極的に進めたいと思っている」と述べている。

続けて中村芳正議員は、「外国から招く演奏家は、ほとんどが日本へツアーという形でやってくるわけで、その曲目のプログラムなどは東京や大阪、名古屋という大都市を焦点とした内容で持ってくる。しかし、東京や名古屋、大阪のような大都会のファン層と浜松の聴衆では、聴く方の耳に差があることは歴然としているとの声がある。人口の差からいっても、文化の差からいっても、今のところそれは否めない／いわゆる音楽というのは音を楽しむものであり、どうも浜松でやる音楽は難し過ぎる、あるいは音を学ぶというような、学ばせるというような音楽が多いという街の声について市長はどのように考えているのか」とアクトシティ浜松が提供する音楽のレベルと市民の享受能力のギャップについて質問している。

この質問に対し栗原元市長は、自らの体験も踏まえながら次のように答弁している。「演奏される曲目等が難しいのではないかと。誰しも、私もそうだったが、聴き慣れないものを最初に聴くときにはわからない。普通そういう表現をする。しかし、人々にはそれぞれの感動があって、初めて聴く音楽でも非常に感動したという方もある／私の一つの経験だが、ワルシャワのオペラ劇場で日本のオペラの『袈裟と盛遠』というのを初めて上演されたことがあった。こういう日本的な感情のあるオペラが、ワルシャワの市民の方々に理解されるのだろうかという疑問を投げかけたことがあった。そうすると、やはり芸術を理解するという点から言うと、あの日本の『袈裟と盛遠』から受けた感動というのは、ワルシャワ市民の方に大変な衝撃を与えたということを聞いた／そういうわけで、難しいという曲も私は聴き慣れていくということも一つの時間、先ほど時間ということを言った中にはそういうこともあるだろうと考える／そのほかの耳なれない演目になると、どうもわかりにくいなと。私はやはりこういうことは、ある時間をかけながら慣れていくということが大事だろうというふうに思う／文化の育っていくということには、さまざまな西洋の都市の文化のように、5年、10年で尺度をはかるということは私は難しい問題だろうと思う。やはり少なくとも何十年というタームで物事を考えていかなければならない。特に日本の人たちの西洋音楽に対する理解というのは、それほど歴史は長いわけではないので、そういった意味で一般の市民の皆さん方に親しんでいただくためには、西洋音楽に限らずいろんな分野に対しても同じことが言えるのではないかと思う。まず、たゆまない努力を続けることが文化の要諦ではないかなというふうにも思っている」と述べている。

市街地を奔走した戦後復興期から、約半世紀が経った時点において語った栗原元市長の「長い目で見れば、今日のさまざまなこの音楽事業に対する努力は、ようやく著についた」という言葉は重く、アクトシティ浜松のオープンや浜松国際ピアノコンクールを開始させた栗原元市長は1999（平成11）年北脇保之氏にバトンを渡した。

（2）北脇保之（前）市長の文化政策論

2005（平成17）年7月1日に旧12市町村の合併の年にあたる2月定例市議会で、同市の文化政策に関する質疑があった。

3月10日に行われた西川公一郎議員の質疑では、北脇保之前市長の掲げる「技術と文化の世界都市・浜松」が取り上げられている。論点として、西川議員は、文化や創造産業から都市経済を活性化できないかをテーマとした創造都市論を引き合いに出し、従来の浜松市に欠けていた視点を補う考え方だとしたうえで、「技術と文化の世界都市・浜松」の技術と文化は、どのような関係にあるかを問うたものである。

さらに、その創造都市論の脈絡の中で、これからの文化政策は浜松の経済を刺激し、それぞれの産業に影響や効果を与える必要があるとの視点から市長の見解を問うたものとなっている。

この二つの論点について、北脇前市長の答弁は次のような内容であった。

第6回 浜松国際ピアノコンクール

創造都市と「技術と文化の世界都市・浜松」についての１点目、技術と文化の関係については、①先人たちの進取の精神と不断の努力により築き上げられた技術とすぐれた歴史や伝統、そして何事にも積極的な市民性によりはぐくまれる文化という都市としての財産を、世界性を有する都市を目指すという都市像に重ね合わせたもの②浜松市の技術は輸送用機器や楽器、繊維、光技術などに見られるように、やらまいか精神と相まって、世界に羽ばたくものづくり技術へと発展し、世界的な企業を生み育てるとともに、新産業の創出や地域経済の活性化を促し、豊かな市民生活を支えてきた③音楽を初めとする芸術、伝統や生涯学習など多様な文化は市民の生活の質を高め、人と人との交流や市民の創造活動を支える環境として重要なものであり、個性的なまちづくりや創造的産業の基盤となるもの④この技術と文化は創造性という面では同じ根幹をなし、産業の創造性が高まることによって生活の質が高められる、また、文化の創造性が高められていくという、いわば相関関係にあり、市の成長を支える貴重な社会資源というふうに考えている⑤市の歴史や市民風土を踏まえると、ものをつくるという技術の発展を促す風土そのものが市の文化とも言えるし、さらには市民の進取の気風の醸成につながってきた⑥こうした技術と文化が織りなす市の特徴を踏まえて、世界性を生かしたまちづくりを進めることが必要と考えている⑦市はこれまで世界に誇る産業技術や音楽を初めとする多様な文化の蓄積を市の魅力ある資源、特性ととらえ、国際ピアノコンクールやプロムナードコンサート、バイクのふるさと、シティファッションコンペなどの開催や企業の協力を得た産業観光を推進してきた⑧これらの活動を通して、国内外に市のアイデンティティを情報発信することで、地域経済の活性化を促すとともに、技術革新への意欲を高め、産業レベルの向上と独自産業の育成につなげてきた――の八つにまとめたうえで、市が目指す技術と文化の世界都市という考え方と共通する点が多く、地域の創造的な文化と産業をまちづくりに生かしていくものと認識しているとした。

続けて、北脇前市長は、これまで培われた技術、そして文化の蓄積を糧に、情報メディア産業や文化・レクリエーション産業など、狭義の意味のクリエーティブ・インダストリーを含め、新たな産業を生み出し続ける創業都市を目指すとともに、市民の豊かな発想や自由な創造活動を通じて、福祉、環境、教育、文化など豊かな暮らしを支える文化をはぐくみ、都市の魅力を高めていくと答弁しており、浜松市が掲げてきた「技術と文化の世界都市・浜松」は、創造都市の考え方が内包されており、西川議員が指摘した創造都市論の視点が欠けていたとする見解に答えている。

加えて、北脇前市長は2001（平成13）年3月に策定した文化振興ビジョンの中で、文化と産業というものは人間の創造的な活動であるという点において共通であるという認識を示していることを挙げ、そのことからして、創造的なコミュニティをつくるということが文化政策としても産業政策としても重要であるという考え方を示した。

この文化振興ビジョン策定においても、先に紹介した音楽振興法と同様、同年12月に公布・施行された文化芸術振興基本法より先行していたことは特筆すべきことであろう。

北脇前市長の文化政策に関する答弁の基本は、文化振興ビジョンに盛り込まれた政策の実施である。答弁の中でも市長の文化政策に対する考え方が顕著なのは、合併による環境など時代の変化を意識した次のくだりであろう。

「これまで自治体の文化振興の目的の主な点は、市民に心の豊かさをもたらすことに置かれていた。しかし、地域の自立、個性ある地域づくりに関心が集まる中、文化の政策はすぐれた文化芸術に接し、生活の質を高めることに加え、その都市の独自性を発揮し、広く地域社会の発展に寄与することもその視野に入れ推進していく必要がある」とした点で、答弁の時点では同年7月の合併、さらには、その後の政令指定都市移行を見据えていたものである。

本章の第１節で取り上げた文化のためのアジェンダ21の第10項は「地方の発展の質は、文化政策と他の公共政策、つまり社会、経済、教育、環境および都市計画の構成によって決まる」ことであった。先の北脇前市長の答弁は、この10項を意識していたとも言えなくはない。

北脇前市長は答弁の最後に、創造都市論と浜松市の取り組んでいる文化政策について「大きな飛躍のときを迎えており、今後一層、都心部における都市機能の充実や将来の発展を支える創造的な産業を興していく必要がある。都市の文化は人々の創造的な活動を支える、いわばソフト的な基盤であり、都市文化のあるところに新たなサービスが生まれ、起業が促進され、産業活動が活発になるなど、地域の経済を刺激し、活性化に貢献していくものと考える。文化の発展は産業の振興を促す働きをあわせ持っていることから、産業と連携し、融合した文化事業を展開していくことが、よりよい地域社会の形成に貢献することになる」と述べている。

第２章第１節の合併の歴史と近代化への歩みで見てきたとおり、浜松市は商工都市として繁栄してきた経緯があり、その産業の一つが楽器であった。楽器の街として発展してきたという特徴は他都市には見られないものであり、当時は創造都市論という概念もなかった。同市にとっては当たり前のように、楽器産業によって、関連および周辺産業が発展してきており、楽器メーカー等が運営する音楽教室などの拠点づくりもその一つであろう。

北脇前市長の答弁の中でも、技術と文化は創造性という面では同じ根幹をなし、産業の創造性が高まることによって生活の質が高められ、文化の創造性が高められていくという相関関係にあるとしている点には着目したい。

産業と文化の面でいう創造都市論では、浜松市の場合、市民と共有する概念として長年積み重ねてきた「技術」と「文化」という言葉がシンプルでわかりやすいと筆者は考える。

（3）鈴木康友（現）市長の文化政策論

西川公一郎議員は2010（平成22）年９月13日の９月定例市議会で、創造都市政策について質問した。１点目は本章の第１節でふれた都市・自治体連合

(UCLG) の件で、翌月に迫ったアジア太平洋支部コングレスに関連したものだった。このUCLGは、2004年に「文化のためのアジェンダ21」という公式文書を採択しており、この文化のためのアジェンダ21は、文化芸術の創造性を地域の活性化や産業振興に生かすという創造都市の考えに基づいており、例えば、地方の発展の質は文化政策と他の公共政策、つまり、社会、経済、教育、環境及び都市計画の構成によって決まると定義し、文化振興が狭義の文化政策にとどまらず、他の公共政策との政策統合が必要であるとしていることやUCLGに加盟する世界各国の地方の自治体に各地域のローカルアジェンダ(地域行動計画)を策定するように推奨していることから、創造都市の確立を目標とする市も、この機会に浜松版文化のためのローカルアジェンダ21の策定を目指せないかについて質問している。

これについて鈴木康友市長は、「文化のためのアジェンダ21とは、地方自治体の連合組織である都市・自治体連合(UCLG)が提案している、加盟地方自治体が総合政策としての文化政策を進めるための行動計画のことで、自治体における文化政策の重要性を再確認する文書であると理解している。このアジェンダ21の基本的な考え方は、組織は違うが、ユネスコが提唱する創造都市の考え方と非常によく似ている。市はユネスコの創造都市ネットワークへの加盟を準備しており、ネットワークへの参加を契機に文化による創造性を地域経済と社会発展の力としたいと考えている。そのためには、創造都市・浜松となるためのさまざまな政策を企画し、推進する必要がある。この創造都市実現のための基本的な方針を検討する組織として、本年8月3日にオール浜松の陣容を整えた創造都市推進会議[88]を立ち上げたところである。今後、この創造都市推進会議において、創造都市実現のためのプログラムを策定してゆく。提案の浜松版文化のためのローカルアジェンダ21は、まさにこのプログラムに該当するものと考えている」と答弁している。

このほか西川公一郎議員は、①浜松創造都市推進会議が発足したが、ユネスコの創造都市ネットワークに音楽分野で加盟することを一つの目標としている、具体的な創造都市施策を官民共同で計画を立てて戦略的に行っていく段階に入ったと理解している。そこで、文化芸術の創造性で地域の活性化をどのように行っていくのか②文化芸術での地域の活性化のもう一つは観光であるとして、浜名湖と天竜市街地にその可能性があると述べ、アートの活用による浜名湖や天竜市街地のまちづくりや観光振興について③2009（平成21）年5月、札幌市との間に音楽文化都市交流宣言を結び、青少年の音楽団体による相互訪問や演奏会などが行われ、交流が始まっている。市長は国の内外を問わず、積極的に都市間連携を図っていく考えを表明しているが、今後の都市間連携や音楽文化都市交流宣言の相手先として、どのような音楽文化の背景がある都市を視野に入れているのか④日本各地ではさまざまな音楽祭が開催されているが、それらの音楽祭ともネットワークを組めないのか⑤これらのネットワークがある程度確立されるであろう近い将来に、音楽見本市の開催を目指せないか——について質問している。

これらの質問に対して、鈴木康友市長はおおよそ次のとおり答弁している。

芸術文化の創造性で地域の活性化について

——浜松市文化振興ビジョンでは、中心市街地における創造拠点地区となる文化ゾーンを形成し、文化事業や人材の集積を図り、先端的な文化芸術発信の拠点としていくとしている／創造拠点地区の形成とは、公共施設や空き店舗を使って、アーティストをはじめ創造的な人々がさまざまな活動をすることで、多くの市民が集まるにぎわいを創出していくことと考えている。

アートの活用によるまちづくりや観光振興について

——市の観光振興については、市内にある湖や山などの自然や、社寺・史跡などの歴史的資源、文化的な伝統行事や地元ならではの食事、ウォーキングなどの体験型プログラムや知的好奇心を満たす産業観光など、さまざまな資源を活用して誘客に努めている。観光におけるアートの活用については、それぞれの美術館などで行われている企画展に多くの来場者が来られていることから、市への誘客にとって非常に有効な資源となると考えられる。

都市間連携の相手先について

――札幌市との交流宣言の締結は、両市が音楽文化の振興に市民、企業、行政が一体となって取り組んでいるという点で共通点があったことから、私が直接、札幌市長にお話しし、交流宣言に至ったもの。このように、今後も音楽文化を地域資源として活性化に取り組んでいる都市であれば、国内外を問わず、都市間連携を積極的に図ってゆきたい。

日本各地の音楽祭とのネットワークについて

――市では今年度、浜松国際ピアノコンクール優勝者が札幌市で開催されるパシフィック・ミュージック・フェスティバル（PMF）で演奏を行うなど、音楽祭を通した交流の拡大を進めている。他の音楽祭とも、こうした交流やネットワークを組むことは、行政のみならず、民間の音楽交流を進めるうえでも大変有意義なものであるため、今後は他都市の音楽祭との情報交換や交流を深めてゆく。

音楽見本市の開催について

――こうした見本市を大規模に開催した例は、国内では余りないが、アメリカのシカゴで行われているミッドウェスト・クリニックは、見本市を併設する音楽イベントとして、世界の吹奏楽団、オーケストラ、ジャズバンドが演奏するだけではなく、多数の音楽関連企業のブース出展があり、コンベンションとしても活況を呈していると聞いている。このような音楽見本市を開催することは、市の音楽振興や産業振興に資するものと考えられるので、地元の楽器産業などとも意見交換しながら、事業の開催可能性について探ってゆきたい。

第7回 浜松国際ピアノコンクール

1996（平成8）年の時点で栗原元市長は、①音楽文化都市浜松のイメージを全国に、世界に向けて発信するため、国際ピアノコンクールなどを通じて知名度アップを図ってきた②音楽を通じての国際交流③音楽による市民文化の振興——という三つの方向性を持って音楽のまちづくりを進めてきたと答弁している。

その進めてきた方向性には「広く市民の間に定着しつつある確かな手応えを感じ取っているところで、真の音楽のまちと呼ばれるにはまだまだしなくてはならないことも多い」と述べた点は、「文化の振興には長い時間を要するものと基本的な認識を持っている」との見解につながっている。

そして最も栗原元市長の考えがにじみ出ている文化政策に関する部分は「音楽のまちは、単に音楽だけでなく、美しい町並み、緑豊かな自然、暮らしやすい環境などその呼び名にふさわしい美しい景観、整備された都市基盤などが備わっていなければならない。そのためには、音楽のまちづくりを取り入れた施策の展開を全庁的な取り組みとして、今後も一層充実していく必要があると考えている」であろう。

この考え方を、平成の合併を成し遂げた北脇前市長はどのように含んでいたのだろうか。

「これまで自治体の文化振興の目的の主な点は、市民に心の豊かさをもたらすことに置かれていた。しかし、地域の自立、個性ある地域づくりに関心が集まる中、文化の政策はすぐれた文化芸術に接し、生活の質を高めることに加え、その都市の独自性を発揮し、広く地域社会の発展に寄与することもその視野に入れ推進していく必要がある」の部分であろう。

栗原市政が積み上げてきた文化政策、美しい町並み、緑豊かな自然、暮らしやすい環境……いずれもが、平成の合併よって掲げられたテーマであることは、偶然の一致であろうか。

中山間地域が多く占める浜松市の課題を背負った北脇前市長は、文化の政策はすぐれた文化芸術に接し、生活の質を高めることに加え、その都市の独自性を発揮し、広く地域社会の発展に寄与することもその視野に入れ推進していく必要があるとして栗原市政を継承し発展させた。

栗原元市長の答弁から 15 年、「文化のためのアジェンダ 21 は、自治体における文化政策の重要性を再確認する文書であると理解している。基本的な考え方は、組織は違うが、ユネスコが提唱する創造都市の考え方と非常によく似ている」との考えのもと鈴木市政は、長い時間のかかる文化政策の一つの区切りとも言うべきユネスコ創造都市ネットワークへの加盟（音楽部門）を目指している。

また、栗原元市長の「全国一の楽器産業が立地する市の特徴を生かし、音楽に包まれた豊かな市民生活の創造と合わせ、新しい音楽文化や音楽産業が育つまちづくりを積極的に進めたい」や北脇前市長の「都市の文化は人々の創造的な活動を支える、いわばソフト的な基盤であり、都市文化のあるところに新たなサービスが生まれ、起業が促進され、産業活動が活発になるなど、地域の経済を刺激し、活性化に貢献していくものと考える／文化の発展は産業の振興を促す働きをあわせ持っていることから、産業と連携し、融合した文化事業を展開していくことが、よりよい地域社会の形成に貢献することになる」は、いわゆる表現は異なるが創造都市論の政策の一部であり、歴代市長の文化政策は継承され、さらに発展し開花していっていることがわかる。

前節の終わりで、「文化政策が市民に受け入れられるためには、シンプル、わかりやすい、透明性、合目的、まちづくりに役に立つ、固有性（オリジナリティ）、最適な組織体制で運営されている—— ことなど政策の示し方、見せ方の工夫も必要となろう」と書いたが、本節によってもう一つ加えておかなければならない。

それは、文化政策とは長期におよぶものだけに、長いスパンである政策を理解してもらう努力をし続けることである。

生まれたばかりの赤ちゃんが成人する日を夢見るようにである。

---

79) 山北一司「都市・自治体連合の支部総会で講演—— 浜松市長：地方分権と市町村合併の実例を紹介—— 韓国・大邱市にアジア太平洋の 11 カ国が集う—— 」『地方行政』2005.5.19号. p.8-9.

80) 国内外 25 カ国・地域から 97 都市・団体の参加、期間中の入場者数は目標を上回る約 86 万人を数え、経済波及効果は 179 億円と言われる。

81) 太下義之「創造都市バルセロナの文化政策：文化と経済が共に発展するための戦略」季刊『政策・経営研究』2008.Vol.1.

82) 浜松市市民生活課まとめによる 2010（平成 22）年 4 月 1 日現在。

83) 太下、前掲書、p.48-50.

84) 山北一司『演心香』文芸社、2010. 第 3 章浜松国際ピアノコンクール、p.91-165 参照。

85) 計画（PLAN）・実行（DO）した結果を検証（CHECK）し、改善策を講じる（ACTION）ことにより、継続的に事業活動を改善するための仕組み。

86) 2009（平成21）年３月に改定された文化振興ビジョンでは、文化振興財団の役割について次のように記述されている。①さまざまなジャンルの文化活動のプラットホームとしての機能強化②行政と市民活動、市民活動と市民活動をつなぐ中間支援組織としての機能の強化③教育、福祉、地域での活動など、商業ベースに乗らない分野の文化活動や、心身の事情や地理的条件等に拘らず、すべての人々が文化を享受するための取り組みを進める④特に、市民が主体となって行う文化・芸術活動の自立に向けた機動的な支援制度の効果的な活用。

さらに、同ビジョンの推進体制の中では、浜松市文化振興財団については、市内の文化・芸術活動に関わるさまざまな組織のプラットホームとしての機能を強化し、情報提供、活動場所の確保、支援体制、アーティストと市民団体や企業等とのコーディネートなどに積極的に取り組み、さまざまな担い手を支援する中間支援組織として役割の強化を図る。同財団は、市内のさまざまな文化・芸術活動を支援する一方で、先端的な創造・発信に関わる事業を行うことで「創造都市・浜松」を牽引する役割を担っている―― と明記している。

87) 正式名称は「音楽文化の振興のための学習環境の整備等に関する法律」である。

88) 2010（平成22）年８月３日に発足。浜松市は「市民協働で築く 未来へかがやく創造都市・浜松」を将来の都市ビジョンに掲げ諸施策の推進をしている。産業と文化が非常に深く関わっている都市で、市の施策としても、今まで楽器のまちとして発展してきたことをベースに、音楽のまち、そして音楽の都という取り組みをしている。そうしたベースの上に、ユネスコが行っている創造都市ネットワークへの加盟を目標にしている。日本では、神戸、名古屋がデザイン、金沢がクラフト＆フォークアートの分野で３都市が加盟している。浜松は音楽の分野での加盟を目指すため、経済界、文化団体、大学等の学術団体等を含めた官民協働で市を挙げての取り組み母体として発足させた。

資料５.１

音楽文化の振興のための学習環境の整備等に関する法律

公布：平成６年 11 月 25 日法律第 107 号

施行：平成６年 11 月 25 日

（目的）

第一条　この法律は、音楽文化が明るく豊かな国民生活の形成並びに国際相互理解及び国際文化交流の促進に大きく資することにかんがみ、生涯学習の一環としての音楽学習に係る環境の整備に関する施策の基本等について定めることにより、我が国の音楽文化の振興を図り、もって世界文化の進歩及び国際平和に寄与することを目的とする。

（定義）

第二条　この法律において「音楽文化」とは、音楽の創作及び演奏、音楽の鑑賞その他の音楽に係る国民娯楽、音楽に係る文化財保護法（昭和二十五年法律第二百十四号）に規定する文化財、出版及び著作権その他の著作権法（昭和四十五年法律第四十八号）に規定する権利並びにこれらに関する国民の文化的生活向上のための活動をいう。

２　この法律において「音楽学習」とは、学校教育に係る学習、家庭教育に係る学習、社会教育に係る学習、文化活動その他の生涯学習の諸活動であって、音楽に係るものをいう。

３　この法律において「学習環境」とは、音楽学習を行うために必要な施設（設備を含む。以下同じ。）等の物的条件、指導者、助言者等の人的条件その他円滑な音楽学習を行うための諸条件をいう。

（施策の方針）

第三条　国及び地方公共団体は、音楽文化の振興のための学習環境の整備を行うに当たっては、国民の間において行われる音楽に関する自発的な活動に協力しつつ、広く国民があらゆる機会とあらゆる場所において自主的にその個性に応じて音楽学習を行うことができるような諸条件の体系的な整備に努めるものとする。
2　国及び地方公共団体は、音楽文化の振興のための学習環境の整備を行うに当たっては、幼児、少年、高齢者、障害者等に対し、必要な配慮をするものとする。

（地方公共団体の事業）

第四条　地方公共団体は、地域における音楽文化の振興のため、地域の実情を踏まえ、その自主的な判断によりおおむね次の各号に掲げる学習環境の整備等の事業を行うよう努めるものとする。

一　音楽の演奏及び鑑賞に係る行事を主催すること。

二　音楽に係る社会教育のための講座を開設すること。

三　前二号に掲げるもののほか、音楽学習の機会の提供に関し必要な事業を行うこと。

四　当該地方公共団体の設置する学校の教育に支障のない限り、その学校の施設を音楽学習のための住民の利用に供すること。

五　音楽学習に関する情報を収集し、整理し、及び提供すること。

六　音楽学習に関する指導者及び助言者に対する研修を行うこと。

七　音楽文化に関する調査研究を推進すること。

八　音楽を通じた国際文化交流事業を行うこと。

2　地方公共団体は、前項に規定する事業を行うに当たっては、我が国の伝統音楽及び地域の特色ある音楽文化並びにこれらに関する音楽学習を振興するよう配慮するものとする。

3　国は、地方公共団体が第一項に規定する事業を行うに当たっては、必要な助言及び協力を行うよう努めるものとする。

（民間団体の行う事業の振興）

第五条　国は、音楽文化及び音楽学習の振興に資する事業を行う民間団体に対し、照会及び相談に応じ、並びに助言を行うことにより、当該事業の振興に努めるものとする。

（顕彰）

第六条　国及び地方公共団体は、音楽文化及び音楽学習の振興に寄与した者の顕彰に努めるものとする。

（国際音楽の日）

第七条　国民の間に広く音楽についての関心と理解を深め、積極的に音楽学習を行う意欲を高揚するとともに、国際連合教育科学文化機関憲章（昭和二十六年条約第四号）の精神にのっとり音楽を通じた国際相互理解の促進に資する活動が行われるようにするため、国際音楽の日を設ける。

２　国際音楽の日は、十月一日とする。

３　国及び地方公共団体は、国際音楽の日の趣旨の普及に努めるものとする。

附　則

この法律は、公布の日から施行する。

第6章

合併によって芸術・文化事業は
どう変わったのか

第１節　調整課題のその後の取り組み状況

合併協議会では旧各市町村が実施していた事務事業について、住民生活への影響が大きいものなどを優先的にすり合わせの協議を進めるために、全事業を優先度の高い順に「A」「B」「C」の３ランクに分類した。

その結果、合併時点では最終的に、全事務事業数は3,074事業（A＝1,222、B＝494、C＝1,358）となっていた。

事務事業すり合わせについては、第１回合併協議会で承認された基本方針と三つの柱の考え方に基づいて実施された。基本方針は、地域の個性を活かす都市内分権と効率的な行財政運営の調和であり、三つの柱とは、①各地域の均衡ある発展が望めること②住民の理解が得られるものであること③行政改革が推進される内容であること―― であった。

調整方針は、統一（合併時統合、合併時再編、合併後統合または再編）、一市多制度（固有事業、サービスの差異）、廃止（合併時廃止、合併後廃止）、その他に分類された。

合併協議会で定められた事務事業の中で、文化政策に関する主だった事業の調整方針票をもとに市の文化政策課に質問した。

回答を得たものについては、合併後の取り組み状況〔2010（平成22）年７月現在〕を各表の最下段にまとめた（表及び本文中の市町村名は合併前の旧市町村名としている。表はすべて筆者作成）。

（1）音楽文化創出事業

音楽文化創出事業は、浜松市の音楽文化創出事業および佐久間町の音楽の街づくり事業と吹奏楽クラブ育成事業である。浜松市の事業は合併時統合・再編の事業として位置づけられ、全市への拡大が課題であった。

一方、佐久間町の両事業は、一市多制度（固有事業）としての方針が示され、存続が認められている。

市の回答によると、浜松市の事業に限定されているが、周知広報の手法や出演者の受け入れについては、従来から全市域に向けた展開を図っていたため、特段の変化はなかったとしている。

特筆すべきこととしては、浜松市は合併後全市版の広報紙と区版の広報紙の両紙を発行しておりそうした広報活動も周知に役だっているものと思われる。

また、佐久間町の同事業については、「合併後から５年間の文化振興にかかわる事業（一部）および執行金額」（表6.7）に掲載したが、さくま国際交流コンサート等開催事業として継続されている。

表6.1　音楽文化創出事業

浜松市	佐久間町
音楽文化創出事業 目的：市民文化の向上をめざし、浜松らしい音楽文化の創出を図るため、音楽団体や市民の主体的な事業実施を促進する。 対象：オペラ、合唱、吹奏楽、邦楽、舞踊等の文化団体や愛好者。	音楽の街づくり事業 目的：ウィーンフィルハーモニー管弦楽団バストロンボーン奏者カール・ヤイトラー氏を毎年招聘し、国際交流音楽指導講座を開催する。また５年毎に、講座を発展した「さくま音楽祭」を開催する。 吹奏楽クラブ育成事業 目的：「音楽の街づくり事業」を推進するため設立した佐久間町吹奏楽クラブの育成。
調整方針：合併時統合 浜松市「①市民オペラ開催事業」「②こどもミュージカル開催事業」「③市民文化フェスティバル開催事業」「④音楽文化顧問等」については、対象を新市域に拡大し、より多くの人々が出演者、観客として参加できるよう事業展開を図る。 一市多制度（固有事業） 佐久間町「①カール・ヤイトラー氏による指導講座の開催」「②佐久間町吹奏楽クラブ育成事業」は、音楽のまちづくりの推進、ウィーンの音楽を「さくま」から発信しており、新市においても固有の事業として実施する。 合併時再編 浜松市「⑤小・中・高校の音楽活動推進事業」は、吹奏楽連盟、合唱連盟への一括加盟から学校ごとの加盟方式に切り替える。	
調整の結果生じる課題： 新市域で実施するために、広く周知広報する手法やより多くの出演者等の受入れ体制を構築する必要がある。	
合併後の取り組み状況： 広報浜松、マスコミの利用により全市域へ募集し、合併地域からの応募もあったが、もともと募集は、旧浜松市民に限定していたわけではないので、特段の変化はなかった。	

（2）音楽のある環境づくり推進事業

表6.2　音楽のある環境づくり推進事業

浜松市	舞阪町	雄踏町
目的：市民が気軽に街中で音楽を体感できる環境づくりを進める。 対象：（出演者）市内の吹奏楽等の音楽団体など	サマーコンサート（家族ふれあい音楽会）	目的：町民が気軽に音楽に楽しめる環境づくりを進める。 対象：（出演者）中部航空音楽隊、町内合唱団、ピアノおよびエレクトーンの指導者
細江町	三ケ日町	水窪町
事業：①ホームタウンコンサート②引佐吹奏楽フェスティバル in 細江③合唱のつどい④レイクサイドコンサート	目的：町民の音楽文化の向上を図るため、音楽団体や町民の主体的な事業実施を促進する。 対象：合唱、吹奏楽、民俗楽器等の文化団体や演奏愛好者	目的：音楽などの公演会事業を展開することで、町民が気軽に音楽に親しめる環境づくりを進める。
調整方針：合併時統合 広報、観客、出演者の対象を可能な限り新市域に拡大して、事業展開を図る。		
調整の結果生じる課題： 浜松市で実施している「プロムナードコンサート」「街かどコンサート」などは新市地域への拡大に際して、出演団体、開催場所の調整が難しい。企業等共催者との調整が必要である。		
合併後の取り組み状況： 全市域を対象に出演できる体制になったが、遠隔地の団体はアクセスに課題がある。輸送のためのトラックやバスの費用が増えたため、予算増とした。しかし、翌年の財政緊縮策で総経費は削減された。このため開催回数を減らし、一つのコマに複数の団体の競演という形で対応。		

音楽のある環境づくり推進事業は、浜松市と５町が実施していた事業で、可能な限り浜松市の事業を全市域へ展開することが課題とされていた。回答では、全市域を対象に出演できる体制になったが、遠隔地の団体はアクセスに課題があるとしながらも実現した。このため、輸送のためのトラックやバスの費用が増えたため、予算増としたが、翌年の財政緊縮策で回数減によるなど工夫した。

ちなみに、５町の事業については、表6.7の予算執行を見ると、文化推進費の中の、地域演奏会開催事業で継続実施されていることがわかる。

（3）青少年音楽団体育成事業

表6.3　青少年音楽団体育成事業

<table>
<tr><th colspan="2">浜松市</th><th colspan="2">舞阪町</th><th colspan="2">雄踏町</th></tr>
<tr><td colspan="2">内容：青少年のオーケストラの育成並びにミュージカル活動も視野に入れた合唱団の育成を通し、音楽文化に親しみ学ぶ機会を提供するとともに、文化的、国際的に活躍できる豊かな感性を備えた人材の育成を行う。
育成団体：ジュニアオーケストラ浜松、ジュニアクワイア浜松</td><td colspan="2">内容：音楽の町づくり推進事業の一環として、演奏会や練習の機会などを通じて、団員ひとり一人の音楽的情操を高め豊かな心を育てるとともに、町民の音楽に対する理解を深め、同町の音楽文化向上、振興、発展を図る。
育成団体：舞阪町フィオレッティ合唱団</td><td colspan="2">内容：音楽の町づくり推進事業の一環として、演奏会や練習の機会などを通じて、団員ひとり一人の音楽的情操を高め豊かな心を育てるとともに、町民の音楽に対する理解を深め、同町の音楽文化向上、振興、発展を図る。
育成団体：雄踏町少年少女合唱団</td></tr>
<tr><th colspan="3">細江町</th><th colspan="3">佐久間町</th></tr>
<tr><td colspan="3">ほそえ少年少女合唱団に対して補助金を交付している。</td><td colspan="3">目的：「音楽の街づくり」を推進するため小・中学生を対象とした吹奏楽講座を開設
事業内容：ジュニア吹奏楽講座</td></tr>
<tr><td colspan="6">調整方針：一市多制度（固有事業）
各団体を存続し、各地域で実施する。可能な限り、団員募集は拡大し、運営体制は現在の手法で今後も継続する。</td></tr>
<tr><td colspan="6">調整の結果生じる課題：
特になし</td></tr>
<tr><td colspan="6">合併後の取り組み状況：
舞阪町・雄踏町は、合併を機に解散。理由：少子化により団員が確保できない。ジュニアクワイアに参加できるため。
細江町は、浜松市北区少年少女合唱団として活動継続
佐久間町は、現在も活動継続</td></tr>
</table>

青少年音楽団体育成事業は、浜松市ほか４町で実施していた事業で、調整方針では一市多制度（固有事業）と位置づけられ、各団体を存続し、各地域で実施し、可能な限り団員募集は拡大するなどが調整方針となっていた。回答では、舞阪、雄踏の両町が少子化、浜松市のジュニアクワイア浜松への参加が可能として合併時に解散している。

ちなみに、浜松市のジュニアクワイアは、小学３年生から高校３年生対象の合唱団であるが、参加可能としているのは、両町が浜松市に隣接し、JR を始め交通アクセスが良いことも挙げられる。

（4）芸術文化活動推進事業（音楽を除く）

表6.4　芸術文化活動推進事業（音楽を除く）

<table>
<tr><th colspan="6">浜松市</th></tr>
<tr><td colspan="6">目的：市民生活にゆとりとうるおいをもたらし、浜松の個性と魅力を高める芸術文化の振興を図る。
事業内容：①浜松ゆかりの芸術家顕彰事業②能楽鑑賞事業③夏休みお楽しみ演劇人形劇公演④浜松市芸術祭演劇・人形劇部門⑤演劇・人形劇指導者育成事業⑥芸術文化部門発表会等出場者激励⑦木下恵介記念はままつ映画祭⑧市民文芸の編集発行</td></tr>
<tr><th colspan="2">浜北市</th><th colspan="2">天竜市</th><th colspan="2">舞阪町</th></tr>
<tr><td colspan="2">事業内容：浜北市民文芸の編集発行</td><td colspan="2">事業内容：①市民映画鑑賞会②文化活動奨励補助金③自主事業④芸術普及事業⑤市民文芸発行事業</td><td colspan="2">事業内容：①文芸舞阪の発行②文化講演会の開催③映画会の開催</td></tr>
<tr><th colspan="2">雄踏町</th><th colspan="2">細江町</th><th colspan="2">引佐町</th></tr>
<tr><td colspan="2">目的：夢のある映画の鑑賞を通して、子どもたちの想像の世界を広げる。
事業内容：夏休み子ども映画会事業</td><td colspan="2">事業内容：①子ども映画会②ほそえ文芸編集・発行・販売に関する事務</td><td colspan="2">事業内容：①少年芸術劇場の開催②町民映画会の開催③文芸引佐の編集・発行・販売に関する事務</td></tr>
<tr><th colspan="2">三ケ日町</th><th colspan="2">春野町</th><th colspan="2">水窪町</th></tr>
<tr><td colspan="2">事業内容：芸術鑑賞の開催</td><td colspan="2">目的：文化講演会を企画し、町民の生活・文化面の向上及び振興を図るとともに、豊かな町の創造に寄与する。
事業内容：文化講演会の開催</td><td colspan="2">事業内容：①映画会②文化協会文化祭参加賞代等</td></tr>
<tr><th colspan="3">佐久間町</th><th colspan="3">龍山村</th></tr>
<tr><td colspan="3">事業内容：①町民文集さくま発行事業②子ども映画会事業③佐久間町歴史と民話の郷会館文化振興会主催事業
目的：公益的な文化芸術事業等を実施し、町民文化の向上及び振興を図ると共に、豊かな町の創造に寄与する。</td><td colspan="3">目的：村民の個性と魅力を高める芸術文化の振興を図る。
事業内容：文芸誌「さかみち」の編集発行</td></tr>
<tr><td colspan="6">調整方針：合併時統合
＜複数の市町村で実施する事業＞
映画祭、映画会開催⇒合併時統合、舞台公演鑑賞機会提供⇒合併時統合、文芸誌の発行⇒合併時統合（浜松市）、合併後統合または再編（浜松市以外の市町村）、文化講演会開催⇒合併後統合または再編
＜単独の市町村で実施する事業＞
浜松ゆかりの芸術家顕彰制度⇒合併時統合、演劇・人形劇事業⇒合併時統合、全国大会出場者激励金交付⇒合併時統合、文化活動奨励補助金⇒合併時再編、芸術普及ワークショップ⇒合併時統合、文化祭記念品交付⇒合併時再編</td></tr>
</table>

調整の結果生じる課題： 映画会は従前の開催形態と変わる可能性がある。また新市域に拡大する事業にあっては経費の増額が予想される。文化事業の中で講演会を重視する市町村もあるが、毎年開催できなくなるケースが生じる。
合併後の取り組み状況：〔＊今年度というのは2010（平成22）年度のこと〕 映画会は５年間各区で継続してきたが、本庁では廃止。今年度から予算化は各区独自予算内での判断とした。木下恵介記念浜松映画祭は、市民団体が浜松市の補助金も財源の一つとして運営していたが、木下恵介氏の関係者から木下恵介の名前を冠しているが、木下恵介とまったく関係のない内容で運営されており、木下恵介の名前を貶めるとの意見が出た。このため、補助金見直しと同時に運営内容をチェックし市が共催するにふさわしくないと判断し、市の事業後援は終了した。現在、市民団体の独自映画祭として行われている。 舞台公演鑑賞機会提供は、５年間各区で継続してきたが、本庁では廃止。今年度から予算化は各区独自予算内での判断。 文芸誌の発行は、５年間各区で継続してきたが、文芸浜松に統合。今年度から予算化は各区独自予算内での判断。 文化講演会開催の継続は、各区の判断 浜松ゆかりの芸術家顕彰制度は、顕彰対象を全市域に拡大 演劇・人形劇事業は、５年間各区で継続してきたが、本庁では廃止。今年度から予算化は各区独自予算内での判断。 全国大会出場者激励金交付は、対象を全市域に拡大 芸術普及ワークショップは、事業の変更 文化祭記念品交付は、廃止

芸術文化活動推進事業（音楽を除く）は、12市町村すべてが、映画会や文芸誌発行などの事業を展開していたもので、調整方針は「複数の市町村で実施する事業」と「単独の市で実施する事業」に分け、合併時統合という方針が示されていた。一方、課題としては、映画会は開催形態が変わること、経費の増が予想されることが懸念されていた。また、文化講演会については毎年開催ができなくなる可能性も言及していた。

市の回答では、複数の市町村で実施する事業のうち、映画会、舞台公演鑑賞機会の提供は５年間各区で継続してきたが本庁では廃止し、2010（平成22）年度からは各区独自予算内での判断とした。

また、単独の市町村で実施する事業のうち、浜松ゆかりの芸術家顕彰制度や全国大会出場者激励交付金は、対象を全市域に拡大し、文化祭記念品交付は廃止している。

（5）文化協会

表6.5　文化協会

<table>
<tr><th>浜北市</th><th>天竜市</th><th>舞阪町</th></tr>
<tr><td>浜北市文化協会への運営費補助金交付と指導・援助（事務局事務を含む）</td><td>天竜市文化協会に対する補助金</td><td>舞阪町文化協会事務局事務</td></tr>
<tr><th>雄踏町</th><th>細江町</th><th>引佐町</th></tr>
<tr><td>各文化団体の強化発展と相互の連絡提携、町民の文化向上に関する事業の実施、または後援、補助金。</td><td>細江町文化協会補助金、協会に関する事務</td><td>引佐町文化協会補助金、協会に関する事務</td></tr>
<tr><th>三ケ日町</th><th>春野町</th><th>佐久間町</th></tr>
<tr><td>公益団体である文化協会に対して補助金支出、事務局業務、指導助言</td><td>春野町文化協会に対して補助金を支出</td><td>佐久間町文化協会への団体補助金として支援（事務局事務を含む）</td></tr>
</table>

<table>
<tr><th>水窪町</th><th>龍山村</th></tr>
<tr><td>文化協会の活動に対して、育成交付金を出している。教育委員会生涯学習課生涯学習係の職員が事務局を担当。</td><td>加盟団体に対する支援および事業支援</td></tr>
<tr><td colspan="2">調整方針：一市多制度（固有事業）
各市町村の文化協会は、当面現行どおりの組織とし、協会相互の連絡調整を執る連絡会を設ける。補助金交付基準の策定・実施及び職員の文化協会事務局への関与の見直しについて、段階的に取り組む。
①補助金交付については、補助率上限の設定、対象経費の絞り込み等全文化協会に適用する基準を設け、実施する。
②事務局への関与は、事業運営（文化祭等）に係る事務についてホール・公民館等の職員が引き続き関与するものとし、協会運営（庶務・経理）に係る事務を順次移行する。
③実施計画
・補助金交付…… 合併時までに交付基準案を策定。合併時は現活動を存続するため現行枠を維持。合併後２～３年で基準に沿った交付に移行。
・事務局関与…… 合併後２～３年は、協会運営面の段階的な引き継ぎのため、人件費相当分の補助金上乗せ等で対応。その後協会運営は協会が自立して行う。</td></tr>
<tr><td colspan="2">調整の結果生じる課題：
運営費補助制度が確立された場合、地域間格差の発生や従前補助枠の縮小など、文化協会の運営に影響を及ぼす可能性がある。
事務局の受け入れが難しいケースも予想されるため、団体によっては合併後２～３年の移行が遅れる場合が想定される。</td></tr>
<tr><td colspan="2">合併後の取り組み状況：
行財政改革により運営費の補助は基本的に認められなくなった。このため各地域文化協会は事業委託等で組織の存続を図っている。行政丸抱えだった団体は、活動休止状態になっているところもある。</td></tr>
</table>

文化協会は、12市町村に関係するものであるが、表から浜松市が抜けているのは、2005（平成17）年4月に㈶アクトシティ浜松運営財団と㈶浜松市文化協会が統合予定だったためである。

調整方針では一市多制度（固有事業）として位置づけられ、当面現行通りの組織とし、協会相互の連絡調整を執る連絡会を設けるとした。

回答によれば、行財政改革により運営費の補助は基本的には認められなくなっており、事業委託等で組織の存続を図っているのが実情である。行政丸抱えだった団体は、活動休止状態になっている。

事務事業のすり合わせの基本方針ならびに三つの柱のうちの3番目の行政改革が推進される内容であること――に従わざるを得なかったのであろう。

（6）音楽・文化事業後援等の業務

表6.6　音楽・文化事業後援等の業務

浜松市	浜北市	天竜市
目的：文化団体の公演等の活動を支援するため、自主事業への後援名義の使用承認や練習施設優先利用のための団体登録を行う。	目的：文化団体の公演等の活動を支援するため、自主事業への後援名義の使用承認を行う。また、民間の助成制度の活用を促進する。	目的：各種団体の活動を支援するため、自主事業への後援名義の使用承認を行う。
舞阪町	雄踏町	細江町
目的：文化団体の公演等の活動を支援するため、自主事業への後援名義の使用承認を行う。	目的：文化団体の公演等の活動を支援するため、自主事業への後援名義の使用承認を行う。	目的：文化団体の公演等の活動を支援するため、自主事業への後援名義の使用承認や施設利用料の減免などを行う。
引佐町	三ケ日町	佐久間町
各種団体等からの後援申請が提出された場合、内容について検討し、許可する。問題点：定められた基準がないため、そのほとんどを許可しているのが現状である。	目的：文化団体の公演等の活動を支援するため、自主事業への後援名義の使用承認や公民館施設利用料の減免などを行う。	目的：文化団体の公演等の活動を支援するため、自主事業への後援名義の使用承認を行う。
調整方針：合併時再編 市町村、市町村教育委員会の後援名義等の承認基準の一元化を図る。 ①承認の範囲②承認要件③承認事項（承認によって得られる特典）④申請様式など		
調整の結果生じる課題： 後援、共催することで認められる使用料の減免については、施設運営の課題として整理する。		
合併後の取り組み状況： 市の後援・共催等で減免の措置は基本的に廃止。会場経費等の補助が必要な場合は、予算措置する。後援等の申請窓口は、会場がある区の振興課とした。また、市の後援・共催は名義のみ。		

音楽・文化事業後援等の業務は、３市６町が実施していた事業で、調整方針は合併時再編とされ、後援名義等の承認基準の一元化を図るとされた。課題となっていた後援・共催することで認められる使用料の減免は、基本的には廃止され、会場経費等の補助が必要な場合は、予算措置をするという対応がとられた。

（7）「ひとつの浜松」でも守られた地域の固有事業

さて、ここまで浜松市の合併後における、文化関連の調整事項について検証してきたが、文化政策に限って言えば、旧浜松市で展開してきた文化政策を全市的に拡大しようと試みる一方で、地域固有の事業についても5年間の推移をみながら、区予算に移行するなどの措置が取られている事業も見られた。

このことは、事務事業すり合わせの段階で示された「地域の個性を活かす都市内分権と効率的な行財政運営の調和」という基本理念に盛り込まれた内容を遵守したうえで、結論を導きだしているといえよう。

音楽文化創出事業の中で、旧佐久間町の音楽の街づくり事業は一市多制度（固有事業）とされている。同制度は、浜松市が政令指定都市実現に向けて掲げた「クラスター型政令指定都市」をソフトランディングしながら実現せていくためには、必要不可欠であった。

すなわち、それぞれの地域には、それぞれの特性や事情があり、旧市町村の歴史、文化、伝統、地域特性などを尊重し、その独自性を将来的にも維持していくために、特定の地域に固有な制度やサービスの差異を残せるよう一市多制度を活用している。

ちなみに、2004（平成16）年12月10日の合併協議書では、一市多制度事業は、総数183件（固有事業171件、サービスの差異12件）。その中身をまちづくりや観光を含めた文化政策関連事業として、筆者なりに分析すると、すみれの里づくり事業、みかんの里づくり事業などまちづくり関連の企画部門で25事業、賑わい創出イベント開催事業、花火大会、祭りなど商工・観光部門で26事業、展覧会事業、万葉まつり事業などで20事業、青少年音楽団体育成事業、人形劇の里づくり推進事業、伝統文化推進事業など文化・スポーツ部門で39事業となっており総数は110事業で全体の約6割を占めている。

このように一市多制度は、12市町村という大規模な合併を実現させるためと都市内分権を導入するためには必要な制度であり、今もその精神は生かされている。

現市長の公約では一市一制度を謳っていたことについて、文化政策課に質問したところ、一市一制度は、合併の調整方針で一市多制度とするとされたものを一制度に統合しようという政策の目標で、具体的にそうなった事例は当課にはない――という回答が寄せられた。

現職の市長も固有事業の必要性を認めたからこそ、「ひとつの浜松ひとつの制度」とまでは言わなかったに違いない。市長の主張する「ひとつの浜松」とは、一体感の醸成を目的とするものだからである。

第2節　全市的視点から見た文化政策の事業と予算執行

芸術文化などの事業費に目を転じてみると、大きく分けて固有事業として残し継続された事業と市全域に拡大するものとがある。

表6.1の音楽文化創出事業では、旧佐久間町・音楽の街づくり事業があった。同事業は、表6.7を見れば、合併時の2005（平成17）年度は佐久間総合事務所費として計上され、翌2006（平成18）年度には地域文化推進費として、文化政策課の予算として執行されている。2007（平成19）年度以降の費目の変更により文化推進費となったものの本庁予算での事業として継続されていることがわかる。

表6.2の音楽のある環境づくり推進事業では、旧浜松市、旧舞阪町、旧雄踏町、旧細江町、旧三ケ日町、旧水窪町がそれぞれ実施していたが、合併時から文化政策課の予算で、地域演奏会開催事業として実施されている。

表6.4の芸術文化活動推進事業（音楽を除く）については、地域文芸誌の発行など文化政策課の予算で継続されている。

芸術文化振興に関する予算は、文化政策課だけではなく、生涯学習課であったり、区役所費などからも支出されていることを、考慮しなければならない。

従来から浜松市の事業として行われてきた、まちなかコンサート事業、青少年音楽団体育成事業としてのジュニアオーケストラ浜松育成事業〔小学3年生から高校3年生対象のオーケストラ育成＝2008（平成20）年度の事業費1,549万650円〕、ジュニアクワイア浜松育成事業〔小学3年生から高校3年生対象の合唱団育成＝2008（平成20）年度の事業費934万9,350円〕をはじめ、2008（平成20）年度にはこどもミュージカル開催事業（1,999万9,350円）や市内小学校5年生全員を対象にこども音楽鑑賞教室「こんにちは　オーケストラ」（事業費1,899万9,750円）を開催した。同事業は、アクトシティ浜松の大ホールで開催され、全市の小学5年生が対象で、入場者数は8,232人で2月の二日間、

表6.7　合併後から５年間の文化振興に関わる事業（一部）および執行金額（単位：千円）

	費目	事業名	事業の内容	執行金額	主管課
2005（平成17）年度	地域文化推進費	地域文芸誌の発行	舞阪、細江、引佐、佐久間、龍山の各地で文芸誌を発行	1,104,806	文化政策課
	地域文化推進費	演奏会開催事業	舞阪、雄踏、細江、三ケ日の各地で演奏会を開催	2,316,765	文化政策課
	天竜壬生ホール経費	自主事業開催経費	壬生ホール開催の各種コンサート	23,648,171	生涯学習推進課
	天竜壬生ホール経費	芸術普及事業開催経費	夏太鼓、文化体験プロクラムなど	4,425,613	生涯学習推進課
2006（平成18）年度	地域文化推進費	さくま国際交流コンサート等開催事業	佐久間地区において、ウィーン・フィルハーモニー管弦楽団のバス・トロンボーン奏者のカール・ヤイトラー氏を招へし、音楽指導講座や交流コンサートを開催。国際交流音楽指導講座実行委員会に対する補助金等として執行。	5,289,824	文化政策課（前年度は佐久間総合事務所費にて執行）
	地域文化推進費	演奏会開催事業	雄踏、細江、三ケ日、水窪で演奏会を開催	2,464,134	文化政策課
	天竜壬生ホール経費	自主事業開催経費	壬生ホール開催の各種コンサート	20,600,784	生涯学習課
	天竜壬生ホール経費	芸術普及事業開催経費	夏太鼓、文化体験プロクラムなど	4,947,889	生涯学習課
2007（平成19）年度	文化推進費	さくま国際交流コンサート等開催事業	佐久間地区において、ウィーン・フィルハーモニー管弦楽団のバス・トロンボーン奏者のカール・ヤイトラー氏を招へし、音楽指導講座や交流コンサートを開催。国際交流音楽指導講座実行委員会に対する補助金等として執行。	5,420,107	文化政策課
	文化推進費	地域演奏会開催事業	雄踏、舞阪、細江、三ケ日、水窪の各地域で演奏会を開催	2,717,612	文化政策課
	文化推進費	天竜壬生ホールコンサート等開催事業	芸術･文化の普及のため、天竜壬生ホールにおける自主事業・芸術普及事業の開催経費	23,379,720	生涯学習課
2008（平成20）年度	文化推進費	さくま国際交流コンサート等開催事業	佐久間地区において、ウィーン・フィルハーモニー管弦楽団のバス・トロンボーン奏者のカール・ヤイトラー氏を招へし、音楽指導講座や交流コンサートを開催。国際交流音楽指導講座実行委員会に対する補助金等として執行。	5,155,098	文化政策課
	文化推進費	地域演奏会開催事業	雄踏、舞阪、細江、三ケ日、水窪の各地域で演奏会を開催	3,379,455	文化政策課

	文化推進費	アクトシティパイプオルガンミニコンサート開催事業	同事業の中で、特別事業として「龍山オルガンレクチャー」を開催	3,500,000	文化政策課
	文化推進費	こども音楽鑑賞教室開催事業	市内小学校５年生全員を対象に「こんにちは　オーケストラ」を開催	18,999,750	文化政策課
	文化推進費	天竜壬生ホールコンサート等開催事業	芸術･文化の普及のため、天竜壬生ホールにおける自主事業・芸術普及事業の開催経費	20,736,915	文化政策課
2009（平成21）年度	文化推進費	さくま国際交流コンサート等開催事業	佐久間地区において、ウィーン・フィルハーモニー管弦楽団のバス・トロンボーン奏者のカール・ヤイトラー氏を招へし、音楽指導講座や交流コンサートを開催。国際交流音楽指導講座実行委員会に対する補助金等として執行。	4,784,920	文化政策課
	文化推進費	こども音楽鑑賞教室開催事業	市内小学校５年生全員を対象に「こんにちは　オーケストラ」を開催	17,999,100	文化政策課

出所：浜松市提供の資料より作成、文化政策に関する一部の事業費のみを掲載。また、このほか各地域の博物館やホールなどの施設管理費及び事業については割愛した。

全４公演を実施したものである。同事業は衣替えにより、2008（平成20）年度から同事業名としたが、それ以前は「子どものための音楽鑑賞教室」としていた。合併前に企画した2005（平成17）年度の規模は、6,012人、965万4,015円だった。市内全域を対象とするということは、大型バスでの送迎を含め、コスト面でもほぼ倍の経費がかかるものであるが、音楽のまちづくりを目指す浜松ならではの取り組みといえよう。

小学５年生が対象の音楽鑑賞教室

また、二つの国際コンクール（３年ごとに開催）の費用としても、浜松国際ピアノコンクールの場合、2005（平成17）年度に992万610円の準備費用、2006（平成18）年度に１億5,000万円の事業費、2007（平成19）年度に1,500万円の準備費用、2008（平成20）年度に

990万円の開催準備費用があり、静岡国際オペラコンクールにおいては、2005（平成17）年度に1,500万円の共催負担金、2008（平成20）年度に1,485万1,210円の共催負担金—— として発生している。

また、2006（平成18）年度には、ロチェスター市音楽文化友好交流事業費として1,390万円を執行している。同事業は、アメリカのロチェスター市との音楽文化友好交流協定締結10周年を記念し、音楽使節団としてジュニアオーケストラ浜松を派遣し、現地においてコンサートや交流事業を実施した。

2007（平成19）年度には、ワルシャワ市音楽都市文化友好交流事業費として687万7,440円を執行している。同事業費はワルシャワ市で開催されたジャパンデーに、使節団としてジュニアオーケストラ浜松OB・OG会交流使節団に対する負担金である。

世界都市を目指す浜松としての側面、青少年育成事業として芸術文化振興、ホールなどを使った自主事業などのさまざまな分野、角度から芸術文化振興を推進する同市の姿を垣間見ることができる。

第7章

合併後の“市民の思い”と“行政の思い”

第1節　市民の思い「市政満足度」と「重要度」～文化政策を中心として～

浜松市の市民アンケート調査は1970（昭和45）年度、1973（昭和48）年度、1975（昭和50）年度と実施した後、1977（昭和52）年度からは毎年実施している。表7.1は、2009（平成21）年6月15日～30日に行った第36回目の調査（表7.1上段の数値）と、2010（平成22）年6月15日～30日に行った第37回目の調査（表7.1下段の数値）の結果で、市政の満足度評価に関する39の調査項目のうち14項目を抽出したものである。

調査は、いずれも浜松市内に住む満20歳以上の男女3,000人を住民基本台帳から無作為抽出したもので、質問紙郵送法で行ったものである。第36回調査の有効回収率は、50.4%、第37回調査のそれは、50.7%だった。

市政満足度に関する設問は、「市政の満足度評価について」の項目で、「あなたは、浜松市がこれまで進めてきた取り組みについて日ごろどのように感じていますか。以下の項目についてその評価を1～5のうちからそれぞれ1つだけ選び○を付けてください」と質問したもので、回答の選択肢は、「1．満足、2．やや満足、3．どちらともいえない、4．やや不満、5．不満」の5項目だった。

表7.1の14項目のうち、項目8については第36回調査では「中心市街地の魅力とにぎわい」だった表現が第37回調査では「JR浜松駅周辺の魅力とにぎわい」となっている。これは、合併前の中心市街地と言えばJR浜松駅周辺を指すものであり、合併後は旧市町村下における中心市街地との混乱を避けるため、同表現に改めたものと解釈し同項目として扱った。

この調査で特徴的なのは、第1の項目の住んでいる地域の住みやすさの満足度が両年度とも6割を超え高い満足度を維持していることである。

傾向としては前回比2.1ポイントの上昇となっている。このことは、不満合計が16.1%から14.8%へと1.3ポイント下がっていることからも、満足度の上昇を裏付けている。

一方、合併前の旧浜松市の時代から言われている、項目8の中心市街地の衰退に対する不満合計は、両年度とも60.8%で、満足度が両年度とも10%以下という極めて厳しい評価となっている。

JR 浜松駅前の様子

満足度が３割を超えているのは、６．公民館、図書館などの生涯学習環境で、第 36 回調査が 44.4%、第 37 回調査が 44.2%で、不満合計との差は両年度とも 30 ポイント強の差である。３．音楽のまちづくりをはじめとする文化事業の取り組みは、第 36 回調査では 33.4%、第 37 回調査では 32.4%で、不満合計との差は 20 ポイント以上となっている。また、５．子どもを健やかにはぐくむ地域の環境は、第 36 回調査が 30.1%、第 37 回調査が 31.2%、不満足との差は 15 ポイント前後となっている。

この他満足度と不満足度の差が大きいものには、第 37 回調査だけで見ると、２．文化にふれ、活動できる環境が、満足 26.2%に対し不満足が 18.3%と 7.9 ポイント差、４．スポーツに親しみやすい環境が、満足 27.3%に対し不満足が 16.3%と 11 ポイント差、９．浜名湖をはじめとする観光資源の整備、活用が、満足 20.6%に対し不満足が 32.3%とマイナス 11.7 ポイント、10. 外国人市民との相互理解や交流を深める共生社会づくりが、満足 9.6%に対し不満足が 18.0%とマイナス 8.4 ポイント、11. 浜松の魅力（技術や文化、自然環境など）の国内外への発信が、満足 13.2%に対し不満足が 21.8%とマイナス 8.6 ポイント、12. 世界の人々との活発な市民交流が、満足 9.7%に対し不満足 17.0%とマイナス 7.3 ポイントとなっている。

14. 市政を総合的に見た満足度は、満足 21.8%に対し不満足は 24.8%でマイナス３ポイントとなっており、半数近くがどちらともいえないと評価が分かれている。

さて、浜松市が力を入れている 13. 市民協働による地域づくりに対する評価であるが、第 36 回調査では 9.9%、第 37 回調査では 12.2%が満足と答えたものの、不満足では、それぞれ 12.8%、14.2%となっており、やや不満の市民

表7.1　市政満足度　（単位％）

	満足	やや満足	**満足合計**	どちらとも	やや不満	不満	**不満合計**	無回答
1．住んでいる地域の住みやすさ	17.0	43.4	**60.4**	21.3	11.1	5.0	**16.1**	2.2
	18.8	43.7	**62.5**	21.3	11.3	3.5	**14.8**	1.6
2．文化にふれ、活動できる環境	4.9	22.5	**27.4**	49.7	13.5	5.6	**19.1**	3.7
	5.1	21.1	**26.2**	52.9	13.2	5.1	**18.3**	2.6
3．音楽のまちづくりをはじめとする文化事業の取り組み	7.9	25.5	**33.4**	49.0	8.2	5.4	**13.6**	4.0
	6.9	25.5	**32.4**	52.2	8.6	3.6	**12.2**	3.3
4．スポーツに親しみやすい環境	4.6	24.0	**28.6**	51.3	11.8	3.8	**15.6**	4.6
	5.5	21.8	**27.3**	53.4	12.1	4.2	**16.3**	3.0
5．子どもを健やかにはぐくむ地域の環境	5.2	24.9	**30.1**	48.0	12.0	5.0	**17.0**	4.9
	3.8	27.4	**31.2**	51.2	11.1	3.0	**14.1**	3.6
6．公民館、図書館などの生涯学習環境	9.5	34.9	**44.4**	37.2	10.2	2.6	**12.8**	5.6
	8.6	35.6	**44.2**	39.6	9.7	3.2	**12.9**	3.3
7．男女がともにあらゆる分野に参画する男女共同参画社会づくり	2.0	12.2	**14.2**	69.1	8.1	3.2	**11.3**	5.5
	2.6	14.5	**17.1**	66.8	8.6	3.1	**11.7**	4.3
8．中心市街地の魅力とにぎわい	1.3	6.1	**7.4**	26.7	30.5	30.3	**60.8**	5.2
JR浜松駅周辺の魅力とにぎわい	1.2	8.4	**9.6**	26.3	29.5	31.3	**60.8**	3.4
9．浜名湖をはじめとする観光資源の整備、活用	2.0	18.5	**20.5**	44.7	22.4	7.0	**29.4**	5.4
	3.0	17.6	**20.6**	43.6	24.1	8.2	**32.3**	3.5
10. 外国人市民との相互理解や交流を深める共生社会づくり	1.3	6.9	**8.2**	63.6	14.6	6.9	**21.5**	6.7
	1.8	7.8	**9.6**	67.7	12.7	5.3	**18.0**	4.7
11. 浜松の魅力（技術や文化、自然環境など）の国内外への発信	2.3	14.1	**16.4**	58.0	13.7	5.2	**18.9**	6.7
	1.8	11.4	**13.2**	60.3	15.7	6.1	**21.8**	4.8
12. 世界の人々との活発な市民交流	1.7	9.2	**10.9**	66.3	12.2	3.8	**16.0**	6.8
	1.4	8.3	**9.7**	68.3	13.1	3.9	**17.0**	5.0
13. 市民協働による地域づくり	1.4	8.5	**9.9**	71.1	9.8	3.0	**12.8**	6.1
	1.5	10.7	**12.2**	68.7	10.6	3.6	**14.2**	4.9
14. 市政を総合的に見た満足度	1.5	19.2	**20.7**	48.1	18.5	7.0	**25.5**	5.7
	1.7	20.1	**21.8**	48.6	19.3	5.5	**24.8**	4.8

出所：浜松市民アンケート調査結果（第36回及び第37回調査）を基に筆者作成

が多いことが分かる。この項目の回答では、どちらともいえないと回答した人は、両年度とも7割前後の高い数値を示しており、この傾向は、7．男女共同参画、10. 外国市民との相互理解や交流、12. 世界の人々との市民交流の項目

浜松市市民協働センター

センター2階の市民協働コーナー

と同じように、対象者が当事者または何らかの形でそれらの項目に関わっている市民の声（満足、不満足と回答した対象者）である。一方で、どちらともいえないと答えている対象者は、それらの項目に対して接触度が低いことがうかがわれる。

地方分権下における地域づくりには、市民協働が必要であることは明らかであり、市民協働に向けた一層の取り組みが必要なことを示している。

また、「どちらともいえない」が高い数値を示している項目については、認知度、接触度に関する調査項目を追加するなど、何が不足しているのかを総合的に判断する必要があろう。

市は旧浜松まちづくりセンターを2010（平成22）年度から「浜松市市民協働センター」として衣替えした。旧まちづくりセンターが住民協議によるまちづくりの支援を目的に2002（平成14）年に開所していたのに対し、従来の活動以外にも、福祉や環境など幅広い分野でNPOや市民団体の活動を応援し市民協働の拠点施設を目指している。

2010（平成22）年9月定例市議会の9月13日の質疑において、太田康隆議員は、合併、政令指定都市移行後の浜松市の発展には、マンパワーに頼るしかない、その一つが市役所の組織を120％発揮させること、もう一つは地域の社会関係資本、すなわち市民協働を担う組織・団体の力を地域おこしへつなげることが大切だとして市側の考えを問うた。

山崎泰啓副市長は、「2008（平成20）年度に庁内関係部局が実施している各分野の人材育成に関するさまざまな講座を集約した浜松地域人づくり大学を立ち上げ、地域に貢献できる人材の育成に取り組んできた。さらに、2010 年度は市民協働センターを開設したことにふれ、市の将来の発展を支える人づくり・人材育成に向けては、市民協働の視点からも商工会議所や大学、NPO などとの連携も必要になることから、関係を深める中で、浜松地域人づくり大学の充実を図りたい」としている。

また、古橋利広総務部長は、「市民協働に対する意識をどう高めていくかについて、新規採用職員研修において市民協働を学ぶ現場体験を実施するほか、所管課では全職員へ市民協働メールニュースを配信し、啓発活動に取り組んでいる」と答弁している。

さらに、古橋総務部長は、「現在、夕張市に派遣している職員の市民協働の実践活動を紹介するなどして、さらに職員の意識改革を図ってゆきたい」としている。

このように、取り組みは始まっているが、市民の満足度にはっきりとした数値として現れるまでには至っていない。だが、こうした職員の意識改革によって多少時間はかかるかもしれないが市民の意識にも反映されてこよう。

先ほどの市民協働の満足度をもう少し分析して、いかに市民協働を地につけるかを探ってみたい。

市はアンケート調査結果の分析で、「満足」を 10 点、「やや不満」を 7.5 点、「どちらともいえない」を 5 点、「やや不満」を 2.5 点、「不満」を 0 点として集計している。

この結果、性別、年代別では全体で 4.9（同）ポイント、男性は 4.7（同）ポイントに対して女性は 5.0（同）ポイント、20 代 4.7（4.8）ポイント、30 ～ 50 代がいずれも 4.8（40 代のみ 4.6 で他は同）ポイントで、60 代 4.9（同）ポイント、70 歳以上が 5.1（5.3）ポイントとなっており、男女別では女性が、年代別では高齢者の方が高い数値を示している。数値は第 37 回調査でカッコ内は第 36 回調査である。

この傾向は過去 2 回の調査で明らかなように、市民協働の進め方に活かされることを期待したい。

では、この傾向が区別ではどうかというと、中区4.8（4.9）ポイント、東区4.8（4.9）ポイント、西区4.9（同）ポイント、南区5.0（4.9）ポイント、北区4.9（4.7）ポイント、浜北区5.1（4.8）ポイント、天竜区4.8（4.9）ポイントとなっており、わずかではあるが0.2ポイント以上動いているのは、北区と浜北区の2区である。数値は第37回調査でカッコ内は第36回調査である。

ここから学ぶべきことは、ポイントの上がった区の要因分析をしたうえで、それを活かすことである。前述の研修や啓発活動が広く行われているとすれば、徐々に効果が現れてくるのは確かであろうが、地域の実情にあった市民協働のあり方にも目を向ける必要があるだろう。

次に、市の施策に対しての重要度に関する項目の中から、教育、文化、スポーツに対する取り組みについて市民の意識結果を検証してみたい。

表7.2　浜松市の教育、文化、スポーツに対する取り組み　（単位％）

	非常に重要	やや重要	**重要合計**	あまり重要でない	全く重要でない	**非重要合計**	無回答
1．生きる力を育てる学校教育の推進	59.3	30.3	**89.6**	4.6	0.9	**5.5**	5.0
	57.2	32.9	**90.1**	5.1	0.7	**5.8**	4.1
2．心豊かな人づくりに向けた家庭教育の推進と地域の教育力の向上	48.4	39.5	**87.9**	6.3	0.7	**7.0**	5.1
	48.0	40.5	**88.5**	6.7	0.5	**7.2**	4.3
3．生涯を通じた学習機会の提供	33.6	48.1	**81.7**	11.8	1.1	**12.9**	5.5
	35.9	47.9	**83.8**	10.7	1.1	**11.8**	4.5
4．祭事や伝統行事など地域文化の伝承・活性化	28.7	46.7	**75.4**	17.3	2.4	**19.7**	4.9
	28.4	48.6	**77.0**	16.7	2.6	**19.3**	3.8
5．外国語教育、外国の文化に関する教育の充実	21.4	48.3	**69.7**	22.3	2.3	**24.6**	5.6
	24.1	47.7	**71.8**	21.4	1.7	**23.1**	5.1
6．大学など高等教育の充実や高度な研究機関の設置・誘致	23.9	44.2	**68.1**	23.3	2.8	**26.1**	5.8
	27.5	41.8	**69.3**	23.2	2.6	**25.8**	4.8
7．質の高い芸術・文化・スポーツなどに親しむ機会の充実	21.1	45.9	**67.0**	24.9	2.8	**27.7**	5.4
	23.0	47.8	**70.8**	21.9	2.9	**24.8**	4.4
8．芸術家やスポーツ選手など世界にはばたく人材の育成	18.9	44.5	**63.4**	27.7	3.2	**30.9**	5.6
	22.7	44.3	**67.0**	25.4	2.8	**28.2**	4.8
9．市民が参加できるスポーツ大会や音楽イベントなどの開催	14.7	47.7	**62.4**	28.4	3.8	**32.2**	5.4
	17.9	48.4	**66.3**	26.5	3.0	**29.5**	4.2

出所：浜松市民アンケート調査結果（第36回及び第37回調査）を基に筆者作成

市政への要望についての項目では、「あなたは、浜松市が積極的・重点的に取り組んでいくべき具体的な施策として、以下の項目についてどの程度重要だと思いますか。各項目について重要度を１～４のうちからそれぞれ一つだけ選んで○を付けてください」と設問を設定した。

項目は、①産業・経済分野に対する取り組み（項目数８）②教育、文化、スポーツに対する取り組み（同９）③市民が安全・安心に暮らすための取り組み（同９）④環境に対する取り組み（同８）――の４分野34施策から、非常に重要、やや重要、あまり重要でない、全く重要でないから選んでもらった。

表7.2は、教育、文化、スポーツに対する取り組みについての９項目の「重要」、「やや重要」を合計したものを「重要合計」とし、「あまり重要でない」、「まったく重要でない」を合計したものを「非重要合計」としたもので、上段は第36回調査、下段は第37回調査の結果である。

この調査から読み取れることは、１．生きる力を育てる学校教育の推進、２．心豊かな人づくりに向けた家庭教育の推進と地域の教育力の向上のいずれも、重要と答えた人が９割前後の高い関心を示し、学校現場と家庭や地域の双方における教育の推進が求められていることを示している。

また、直接的に文化政策に関わる項目として、４．祭事や伝統行事など地域文化の伝承・活性化については、第36回調査が75.4％、第37回調査が77.0％と比較的高い数値を示し、５．質の高い芸術・文化・スポーツなどに親しむ機会の充実については、第36回調査が67.0％、第37回調査が70.8％となっており、やや地域文化の重要度の方が高くなっている。

第５章の冒頭で、文化政策を伊藤裕夫の「地域文化ということと、芸術文化という二要素を持っている」という定義を前提とするならば、音楽のまちづくりを進めてきた浜松市のこれまでの文化政策には地域文化という側面はあまりクローズアップされてこなかったようにも見える――と述べたが、この調査結果からも地域文化へのさらなる配慮が求められよう。

同調査の分析において、「非常に重要」を10点、「やや重要」を6.6点、「あまり重要でない」を3.3点、「全く重要でない」を０点として行政区別にまとめたものによれば、４．祭事や伝統行事など地域文化の伝承・活性化の項目においては、他の区が6ポイント台であるのに対し、北区7.0ポイント、天竜区7.5ポイントとなっており、中山間地域の市民における重要度が高いことは明らかである。

第2節　国土縮図型・浜松、中山間地域をどう活かすか

国土縮図型政令指定都市と言われる新型の政令指定都市が、まちづくりの新たな課題と直面する文化政策の一つに、中山間地域をどのように活かしていくかという問題がある。

それは旧浜松市が経験したことのない新たな課題でもある。少子高齢化、過疎化という社会環境にとどまらず、合併によって周辺部が寂れる、あるいは伝統文化が失われるという平成の合併そのものの負の部分としてクローズアップされたところでもあり、総務省の総括においてさえ、問題点、課題として指摘されている。

この中山間地域対策なくしては新型政令指定都市における文化政策の姿が見えてこないであろうし、また、対等の精神で臨み今でもその精神が生かされている浜松にとっては将来像そのものが見えてこないだろう。

そこで、本節で取り上げるのが、中山間地域振興計画（山里いきいきプラン）である。同計画は、自然に配慮し、中山間地域に暮らす人々に十分な気配り・目配りをしながらもプラス思考で人と地域の資源を利活用していこうというものである。

合併前の旧浜松市域においては、天竜川上流の水を下流域の市民として恩恵を受けていたが、合併後は上流をも含む市域となった。今日の都市政策において非常に重要なことであり、中山間地域と都市部の一体化をどのように図っていくかという点においても注目される。

浜松市は2010（平成22）年3月、2010（平成22）年度から2014（平成26）年度までの5カ年間を計画期間とする「中山間地域振興計画（山里いきいきプラン）」を策定した。

同計画の策定については、国土縮図型といわれる政令指定都市として、過疎

があるという現実を後ろ向きに捉えることなく、むしろ積極的にその地域を取り込むことによって、行政や市民が現状の問題点を正しく認識し、「ひとつの浜松」として、共生共助の精神により地域力の向上に努力していくことを市の責務とする姿があった。

同計画は市の責務を自覚したうえで、①住民ニーズに基づく施策の重点化②地域の自主的な取り組みに対する積極的な支援③都市地域との共生共助の推進――の三つの考え方に基づいて策定している。

同市の中山間地域の面積は約9万5,000haで、市全体の面積の約63%を占めている。森林は、土砂災害を防いだり二酸化炭素を吸収する機能とともに、水源を涵養している。

具体的には、天竜川水系では11カ所の発電所で総最大出力173万kwの電力供給が行われているばかりではなく、西遠地域と東三河地域の約3万4,000haの農地へ最大約46t／秒、浜松市、磐田市、豊橋市の上水道へ最大約4.2t／秒、西遠地域と東三河地域の工業用水へ最大4.1t／秒を供給することで、市および周辺市域までの生活や産業を支えている。

中山間地域のもう一つの大きな役割として同市が挙げているのは、自然と共生する生活を目指す都市住民のふるさと回帰の求めに応えることや、恵まれた自然、環境、ゆったりとした時間の流れなど、都市にはない有形無形の価値を提供する役割も中山間地域は担っていることである。

市全体では人口が増加しているが、北区の引佐地域を除いたすべての中山間地域で、1960（昭和30）年以降、人口が減り続けている。

高齢化の状況は、2009（平成21）年では市全体で65歳以上の人口比率は22.07%であり、3年間に1.66%増加している。中山間地域のそれは36.1%で、3年間に1.86%の増加となっており、喩えていえば中山間地域の歩幅の方が大きいということになる。

一方少子化の状況は、2009（平成21）年では市全体で14歳以下の人口比率は14.21%であり、3年間に0.19%減少している。中山間地域のそれは9.01%で、3年間に1.08%減少となっており、中山間地域での少子化が進んでいることがわかる。

この傾向を集落の世帯数と高齢化という観点で見てみると、中山間地域には336集落があり、集落の平均世帯数は42.7戸である。65歳以上の人口の率（高齢化率）が50%を超えている集落は102とほぼ全体の3割で、うち25の集落では高齢化率が70%を超えている。

また、中山間地域では高齢者のみの世帯が31.5%と市全体の18.2%を大きく上回り、高齢者の一人暮らし世帯率も15.9%と市全体の9.4%を大きく上回っている。

こうした背景から同計画では「幸せを実感する山里暮らしの実現」を基本目標とし、①地域の担い手をつくる（新しい地域の仕組みづくり）②安全安心な生活を守る（生活基盤の整備）③地場産業を活かして地域を潤す（地場産業、地域資源の活用）④地域の魅力を売り込む（活性化への挑戦）——の四つの重点方針を掲げた。

平成の合併ではデメリットと言われた周辺地域を、合併によってメリットへ導くという大転換を模索し始めたのである。

重点方針③の「地場産業を活かして地域を潤す」では、林業では森林経営の合理化や効率化による「育てる林業」から「売る林業」への転換、農林水産物の地域資源の強みを見極め、産業の高付加価値化を図っていくなど新規のコミュニティビジネスの創出を支援し、雇用の場の確保を目指している。

同市はものづくり産業の集積地として発展してきた経緯があり、そのノウハウの提供や、地元資源の域内循環なども視野に入れており、都市部のノウハウやマーケットを中山間地域と共有できることは何よりも強みとなろう。

また、④の「地域の魅力を売り込む」では、合併によってもたらされた自然、史跡、山里、棚田の風景など文化資源、林業、農業を中心とした経済資源、川釣り、ボート、カヌーやキャンプなどのアウトドアスポーツといった観光資源、さらには貴重な民俗芸能や祭りの宝庫でもあることをフルに活かした取り組みを目指している。

これまでは個々の基礎自治体が個別に行っていた観光も、合併のメリットを最大限に活かした周遊型ルートの開発をするなど同地域にしかない魅力を全国に売り込み、活性化に結びつけるような戦略的な取り組みを模索している。

特に④のような地域活性化に結びつく文化資源の有効利用も総合政策としての文化政策の重要な役割の一つである。

さて、四つの重点方針にはさらに13の施策[89]を体系づけている。地域活性化と文化政策を関係づけるために、より具体的に計画を見てみよう。

都市と山村フレンドシップ事業は、都市部と中山間地域の自治会やPTA、各種団体などが連携して、お互いに交流することによって都市部住民が中山間地域の役割について理解を深め、山村を活性化しようというものである。同一自治体内の都市と山村であれば、自治体間の交渉ごともないことや「ひとつの浜松」という一体感の醸成にも相応しい事業である。

遊休施設の活用事業は、中山間地域にある小・中学校や幼稚園の廃校・廃園舎（20カ所）を、地域の利活用の提案を尊重し、地域が主体となった施設運営を募るものである。地域による施設運営が見込まれないものは、地域外に活用案を公募するなど、地域の活性化を目指すことにしている。

具体的には、廃校・廃園等遊休施設の一時利用の事業では、美術展示会、都市山村交流会などの事業を行うことである。

地域への誘客[90]の促進事業は、山や川などの自然、地域の文化や特産物など、中山間地域の資源を活用したイベントを開催して都市住民に感動や癒し、心の安らぎを提供し、中山間地域への来訪者を増やすことを狙いとしている。

具体的には、グリーン・ツーリズム交流会事業[91]、てんはまエコミュージアム推進事業[92]、ボートによるまちづくり事業[93]などにより、都市部の住民に対して地域の魅力を積極的にアピールし、中山間地域に賑わいをつくり、経済波及効果を生み出していくというものである。

このほか、個別の事業での都市部と農山村部との交流事業以外にも、旧浜松市の人口60万人という都市部の規模のメリットを生かした事業を施策に盛り込んでいる。

一つは、地域の活性化や担い手づくりにとって重要な事業となる交流定住事業、二つ目は地産地消事業[94]で、この事業は中山間地域の農産物を都市部へ販路を求めることで供給側と需要側が都市内で好循環をもたらすという経済効果も期待されている。

この計画の対象地域は、天竜区と北区引佐町の北部が対象であるが、その理由は、天竜区は旧4町村が過疎地域自立促進特別措置法〔2000（平成12）年度～2009（平成21）年度までの時限法〕、北区引佐町の北部は、山村振興法〔2005（平成17）年度～2014（平成26）年度までの時限法〕に基づく地域としてそれぞれ指定されていたためである。

同計画を策定した狙いは、これまでの生活基盤整備等のハード施策のほかに、地域住民の取り組みを引き出し、地域を再生するソフト施策を行うことで、住民がいきいきと住み続けられる中山間地域の形成を目指すこと[95]である。商工都市・浜松が明治や昭和の大合併で培ったノウハウが活かせるか試されるところである。

新「浜松市」の市章は、生命の源“水”と“緑”をキーワードに、新しい浜松市の大切な環境である北部の豊かな森林と、浜名湖・遠州灘（太平洋）の美しい“うみ”をモチーフとしたデザインである。

「環境と共生するクラスター型都市」をイメージした、この市章は、工業、農業、文化、自然環境、天竜川の上流から下流域までをひとつの市の中にすべてを取り込んでいる証でもある。

このことを称して、国土縮図型政令指定都市と大西は名付けたが、別の角度から捉えるならば、自己完結型の政令指定都市ともいえる。本節で見てきたように、中山間地域の豊富な資源を都市部にもたらしたり、都市と農山村部との交流など、一つの都市の中で生産し消費するという循環型都市経営、すなわち、自己完結型の施策を次々と打ち出しているところに、この計画の着目すべき点があるだろう。

第３節　個別事例としての北区の取り組み

（1）人・組織、市民協働

総務省はこれからの基礎自治体の展望として、①これまでのような地域における住民サービスを行政だけが支える仕組みは根本的に見直していく必要がある②地域にあるコミュニティ組織、NPO、住民、企業の力を結集し、行政が地域と協働を進めることによって、地域で必要となるサービスを地域全体で支えていく仕組み作りが必要である③併せて、現実に住民サービスを提供する市町村としての行政運営パフォーマンスは、基礎的条件としての職員の体制、職員のモチベーション、そして職場の組織風土の良さによって決まる④地域を支える多種多様な人材の育成・確保が極めて重要であり、地域をマネジメントできる人材育成についても今後は官民問わず力を入れていくべきであると考えられる——と総括していたことを第1章第2節でふれた。

この総括にある人材、組織、市民協働を推進するためには、本庁にとっても地域住民にとっても地域の拠点としての区役所の存在意義は大きい。地域住民の声を本庁に上げるのも区役所であり、本庁の意向を区民に伝えるのも区役所である。

そういう意味では、区役所の職員は地域の耳であり口であることを常に自覚しなければならないであろう。

浜松市の区役所では都市内分権の要の組織として、どんなまちづくりが行われているのであろう。本節では、浜松市の縮図（都市部と中山間地域[96]が一つの区となったため、地勢、都市の形態が似ていることや、産業の集積状況、地域課題も類似性を持つ）と言われる北区の事例を取り上げる。

市川元康・前北区長は筆者のヒアリングに際し、「浜松市としての都市の将来像は、市民協働で築く未来へかがやく創造都市・浜松です。一方、北区の将来像は産業と自然が織りなす人にやさしい北区を掲げています」と説明した。

北区では、自然環境、歴史的な文化遺産、多様な産業や観光施設など、地域の資源が融合し、住む人や訪れる人がやさしさを感じられる田園都市空間の創出を目指している。

北区が目指すのは、佐々木信夫のいう[97]、地域づくりの２原理のユニファイ条件[98]とアイデンティファイ条件[99]、すなわち、よそ者が見ても自分のふるさとと誇れるようなまちづくりをすることに近いのであろう。

合併直後の各区役所にはそれぞれ固有の課題があり、北区もその例外ではない。浜松市の縮図だけに、市域全体と同じような課題も共有している。

市川前区長は「その課題を相互に理解しあうことが大切だ。もちろん課題の解決に向けては、本庁と区役所が一体となって取り組むことが必要であり、その課題解決に向けて区長として最大限の努力をしたい。その課題解決のためには、地域課題を区民の皆さんと区役所が共有すること、市民協働によるまちづくりが必要である」と力説する。

市川前区長のいう市民協働とは、①柔軟な発想と多様な結びつきによる社会関係資本[100] を強める②行政は、自主的で行動力のあるひとづくりと活動しやすい環境づくりを有機的に結びつける役割を担う―― ことである。

市民協働を達成するには、まず区長、区職員の意識の変容が必要である。まず、区長はどうであろうか。

市川前区長は、本庁時代合併をまとめてきた人物だ。その区長は「本庁で合併を担当していた時や本庁から地域を見ていた時とは見方が変わった。地域のことは地域でなければわからないことがある」と大きく意識の変容が進んでいる。

当然この市川前区長のスタンスが区の職員、さらには区民に伝わっていくことになる。

「行政主導の地域づくりから市民が主役の地域づくりをしたい。そのためには人と人のネットワークによる地域づくりが重要で、区は区民の皆さんとの信頼関係の下にこれらの活動を積極的に応援していく」と続けた後、「まず動くこと、はじめの一歩を踏み出すこと」と言い切った。

合併による職員の人事交流を実施し、北区役所における旧町職員は3分の1程度となっている。いくら区長が変わっても市民協働の芽が出てきても、区役所の職員の意識改革がなされていなければ絵に描いた餅である。

佐々木は、文化行政の組織づくりについて、「文化行政を社会教育の延長線で考える発想ではうまくいかないのではないだろうか。人々を教育するという発想に立ったとき、文化は死ぬといってもよい。文化行政はあくまでも市民の創造活動をサポートするものであり、魅力ある街をつくりあげる行政の総合的な営みである」[101] と述べている。

合併をソフトランディングさせるためには、ソフト面でのアプローチが非常に重要である。人づくりであり、それらの人によってまちづくりが行われる。

第2章第3節で種の起源と紹介した合併協に出向した職員から、新浜松市の組織風土の種が撒かれ、その後も区長や区職員の人事異動などを経て意識の変容がなされていった。

区長の思いは、ここで手を抜くことなくさらに先頭に立って区民との関係づくりに奔走することである。このような動きの中で、区民側からも動きが出ていた。そこには次項で紹介する「きたっこ」の存在があった。

（2）地域をつなぐ、女性団体「きたっこ」の存在

北区のまちづくりは、市川前区長が説明したように動き出していた。区長が自信を持って紹介してくれたのが、「きたっこ」の活躍である。

浜松市は2005（平成17）年7月1日に旧12市町村が合併して誕生した。その段階で地域住民の意見を行政に反映するために、旧市町村単位に「地域協議会」が設置された。

同協議会は、市の付属機関として行政施策に反映させる建議要望、そして行政からの諮問・答申、報告事項など審議できる組織となっている〔ただし、2011（平成23）年度で廃止〕。

北区には、細江、三ケ日、引佐、浜松北の4協議会があり、北区全体の課題を審議する市の付属機関として北区協議会がある。

「きたっこ」（北の娘）こと北区女性団体連絡協議会は、市民協働を推進する活動団体として、政令指定都市移行（2007年4月1日）からわずか4カ月後の8月に発足している。

同団体の目指す方向は、日常生活の中で発生する問題・課題を、女性の視点で解決する手立てを探り、やがては北区の一体感に繋がることを信じて推進することである。

同団体は市川前区長のいう市民の手による行政をネットワーク化によってものの見事に実現した。「行政にとってこれほどありがたい組織はない」と区長に言わしめるほどの組織である。

現在は42団体が同連絡協議会に加盟している。4地域に共通するのは地域協議会、JA女性会などでその他、おかみさん会、老人クラブ女性部、婦人会、奥浜名湖商工会女性部、踊り太鼓風花の会などありとあらゆるという言葉

に相応しいほどの団体が所属しているという特徴を持っている。

浜松市北区役所

「きたっこ」は、発足後精力的な活動をしていくこととなるが、その特徴としては北区が早期に一体化するには何をすべきか、真のまちづくりとはどうすべきかを自らの手で考えようということに、参加者全員の共有する目標があったことである。

「きたっこ」は、女性ならではの料理・茶会・ワークショップ交流の中で「きたっこ」の活動の方向性、北区の問題点や特徴を話し合っている。この話し合いが起点となって北区の「くらしやすいまちづくり事業」へと発展していった。

「きたっこ」の活躍の特徴は、地域協議会や区協議会と一緒になって、北区の将来像や課題を協議しようという動きまでに発展し市民協働の形を整えていったことである。

地域協議会の廃止に備え、「北区くらしやすいまちづくり実行員会」を組織し、地域協議会が区協議会に一本化されるまでにNPO組織を発足させるための協議を開始した。2009（平成21）年度には地域協議会委員の研修会と区民に呼び掛けて320人規模のフォーラムを開催している。

市の組織として北区協議会と地域協議会が設置されているが、2012（平成24）年度からは市の組織は区協議会に一本化され、地域においては住民による自主的組織が必要となる。

「きたっこ」の動きによって、「北区くらしやすいまちづくり実行委員会」が組織され、活動していることは、新たな仕組みづくりを考えるうえでも非常に大きな役割を果たすことになり、区としてもポスト地域協議会の住民組織として期待している[102)]。

北区くらしやすいまちづくり実行委員会の江間敏雄会長は、「残された二年間で、『地域の課題を地域で解決する組織づくり』と、『地域の声を行政に反映させる仕組みづくり』を構築し、平成24年度以降の地域の取り組みを確立する必要があります。北区全体の『地域のつなぎ役』として、くらしやすいまちづくり実行委員会が機能し、前向きな役割を発揮していきます」[103]と組織づくりと、仕組みづくりの確立を述べている。

今では、「きたっこ」は同区になくてはならない存在である。地域協議会や区協議会に様々な刺激を与え、四つの地域を一つの区としてつなげ一体感を醸成した。また、女性ならではのアイデアで北区特有の商品化[104]にも成功している。

ここで「きたっこ」の活動を整理すると①4地区をつなげたこと②都市内分権の仕組みの一つである地域協議会、区協議会をうまく活用し、行政関係者との接着剤となったこと③地域課題の提起と問題解決のために区民も一緒になって考える場を設けていること④地域の資源を女性ならではのアイデアで商品化につなげていること⑤ポスト地域協議会を睨み北区くらしやすいまちづくり実行委員会の立ち上げに尽力したこと――など理想的な市民協働の形が生まれている。

本章の第1節で検証した市民アンケート調査結果の市民協働に対する満足度の数値が、北区の場合第37回調査で4.9ポイントと前回よりも0.2ポイント上昇している。また、全体的な傾向として女性のポイントが高くなっていることを考慮すると、同区における市民協働の成果が少しずつではあるが現れていると見るべきであろう。

他の区と違って、同区の場合は旧浜松市の一部と中山間地域をも含む旧3町が一つとなった行政区でもあり市民協働に向うエネルギーは他の行政区とは違う難しさが想定されるにもかかわらずである。

第2章第4節第3項でふれた、浜松市の都市内分権とは、地域の個性を最大限に活かしながら、市民と行政が協働・連携することにより、市全体が発展する仕組みであり、①行政サービスの維持・向上②元気で個性ある地域③市民の意見を反映④市民協働の推進――をもって、地域の活力で新市の均衡ある発展を成し遂げようというもであった。

これを区に置き換えて見ると、「きたっこ」がいかに優等生であるかがわかる。

（3）観光資源の新たな発見

合併による観光のスケールメリットは言うまでもない。

須田寛は、「数多くの観光対象が広域にわたってただ並んでいるだけでは、観光客はどうアプローチすればよいのかととまどいを感じます。バラバラに観光していくだけでは印象も散漫になって充分な観光効果も得られません。このようなストーリーを伴う観光資源のネットワーク化は、星座にたとえることができます（…中略…）ストーリーをつけた結果、星座の見方がまるで変わって印象深いものになることと同じです」[105] という指摘は、北区で新たに観光ルートとなった“湖北五山”にも当てはまる。

浜松市北区は旧三ケ日町、旧引佐町、旧細江町の三町と旧浜松市北部が区となったところで、浜松市の縮図と紹介した。観光事業を旧町単位で捉えるのと合併後の浜松市または北区として捉えるのとでは、スケールメリットが異なってくることは容易に想像できよう。

鈴木康友市長は、2009（平成21）年2月5日付の市長エッセーで「魅力ある北遠、奥浜名湖地域」と題して、次のようなことを書いている。

「市長就任以来、一貫して言い続けているのが、『共生共助でつくる豊かな地域社会』です。12市町村が合併した浜松を、早く一体感のある市にしていきたいというのがわたしの願いです。一体感の醸成のため、これまで地域間の交流活動を進めてきました／最近は、北遠や奥浜名湖地域などのイベントに旧浜松市の人たちが参加する、逆に中心街のイベントに北遠や奥浜名湖地域の人たちが参加するというような交流も盛んになってまいりました。わたし自身、以前よりそうした地域に行く機会が増えましたが、不思議なもので、物理的な距離は以前と変わらないのに、心理的な距離感がずいぶん縮まりました……とかく北遠地域などは、過疎というとらえ方をされる場合も多いのですが、発想を変えるだけで、素晴らしい地域になります……そして奥浜名湖地域には、方広寺や龍潭寺など、由緒正しく、庭園などが素晴らしい寺社が五つほどあり、それらをまとめて湖北（浜名湖の北）五山として売り出せば、個々に集客するよりいっそうパワーが増し、新しい観光の目玉になるのではないかと思います」

また、2010（平成22）年２月17日開催の第７回「チャット！やらまいか」では、こんなことを述べている。「あとは、ちょっとした発想の転換ですね。今進めている北区の湖北五山のように今まであったものを違った形で再活性化することで違った見せ方ができると思うんですよね。これは別にお金が必要なわけではなくて知恵ひとつでできるものですから、これからはそういうことをやっていかないといけないかなと思っています」同じところへ出かけるのでも、市町村が違っていたら思いつかない発想であろう。また、市長の「ひとつの浜松」という思いがそういう発想に結びつくのかもしれない。

これなどまさしく佐々木のいうところの地域づくりの２原理のユニファイ条件とアイデンティファイ条件ではないだろうか。

北区長にお会いしたときに最初に見せられたのが北区の地図だった。これまで筆者が目にしていたのは、各町の地図と、旧浜松市全域の中の北部の一部だった。北区の地図を広げてみると旧三町と旧浜松市域の一部がすっぽり入り、重要文化財や観光拠点が点在していることが一目でわかる。

市長の着眼が功を奏し、旧三町に点在していた「初山宝林寺（しょさんほうりんじ）」（旧細江町）「龍潭寺（りょうたんじ）」（旧引佐町）「大本山方広寺（だいほんざんほうこうじ）」（旧引佐町）「摩訶耶寺（まかやじ）」（旧三ヶ日町）「大福寺（だふくじ）」（旧三ヶ日町）は、“浜名湖湖北五山”として同区の大きな観光ルートなった。この５つの寺にはいずれも国重要文化財に指定されたものがあり、観光ルートと化した。

JR浜松駅にも堂々と湖北五山のパンフレットが並んでいる。手に取ると「平安から江戸へつながる悠久のあしあと。国の重要文化財をめぐる時代旅行」と点の存在に過ぎなかった国の重要文化財に息吹を与えた。

地域の人なら多くの人が寺院とはつながりを持っているだろう。湖北五山の例では、合併によってそれぞれの町にあった寺院にある国指定の重要文化財という個性が、いくつかの町や地域が集まっ

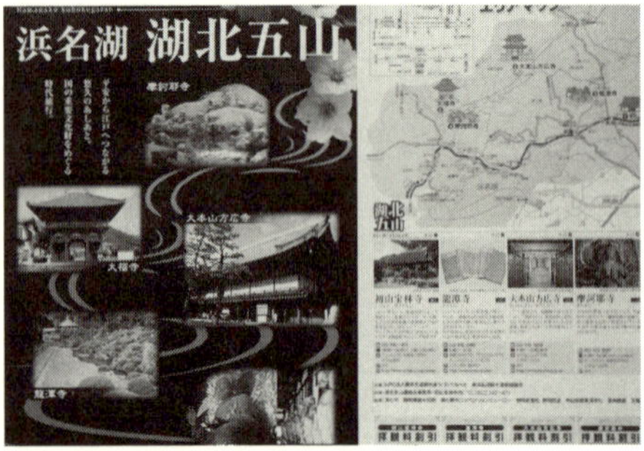

浜名湖湖北五山案内パンフレット

てできた新しい区に点在する個性を活かし、部分と全体という新しい価値観を加味した個性として誕生したことになろう。

そのことを見出した市長の発想は、文化政策的視点でまちづくりを捉えているからではないだろうか。

第４節　市制 100 周年を迎えた浜松市、文化不毛は解消されたのか？

浜松市の 2011（平成 23）年度の予算編成方針は、先人の築いてきた礎を基に、市民協働で築く「未来へかがやく創造都市・浜松」の構築を着実に推進するために、①こころ豊かで創造性あふれる市民が集い主体的に行動する都市②イノベーションに果敢に挑戦し新たな技術、人材、産業が生まれる都市③市民が主体となって文化を創造し発展させていく都市―― の実現に向って、諸施策を積極的に推進していくものとしている。

本書のはじめにでふれた、ユネスコの「文化的多様性に関する世界宣言」の第７条を想起させる。第７条は「創造は、文化的伝統の上に成し遂げられるものであるが、同時に他の複数の文化との接触により、開花するものである。従って、いかなる形態の遺産も、多様な文化における創造性を育み、真の異文化間対話を促すために保護・強化され、人類の経験と希望の記録として未来の世代に受け継がなければならない」であった。

多くの都市がそうであるように、確たる文化の存在に気づかぬまま浜松市も昭和 20 年代中ごろ文化不毛と言われた。

市制 100 周年を祝う表示板

第７条では、創造は文化的伝統の上に成し遂げられるものであるが、同時に他の複数の文化との接触により、開花するものとあるが、平成の合併によって浜松市は中山間地域を含む合併によって、さらに多くの伝統文化との接触があった。少なくとも第５章でみてきたとおり1980年代前後には、音楽の振興を中心とするある一定の方向性に向けての文化が開花していたのであろう。

浜松市の歴史を振り返れば合併によって市域と人口の拡大、そして何よりも文化の種が新しい種と交わり品種改良が繰り返されてきた歴史でもあった。さらに、平成の合併によって、複数の文化との接触が起きた。もう文化不毛とは言えまい。

行政としては言われなき文化不毛に対し、「脱文化不毛宣言」はできないが、創造は文化的伝統の上に成し遂げられるのであれば、すでに文化的伝統があるとも解釈できよう。

とかく浜松市にはいつのころからか文化開花の音がしていたのである。戦後の復興期のころなのか、繰り返し行われてきた合併の時点だったのか、市制100周年にはその音がさらに高らかに響くのは間違いなさそうだ。

さて、1911（明治44）年人口3万6,782人でスタートした浜松市は、2011（平成23）年7月には市制100周年を迎える。記念式典に向けて総額約2,000万円の式典開催費用及び記念冊子制作の事業費が予算に盛り込まれた。文化政策課の事業として記念式典記念公演開催事業費も含まれているが、筆者としては新たな文化の種として位置づけたい。

この市制施行100周年関連事業では、2010（平成22）、2011（平成23）年の両年度で7億5,300万円の事業が実施される。中でも2010（平成22）年度には、100周年を記念した「100夢プロジェクト」を公募し、1事業あたり上限100万円を助成する大プロジェクトの事業費が盛り込まれた。

100周年の記念の年にあたる2011（平成23）年度予算では、引き続き合併後による効果を前面に打ち出す前向きな予算が組まれている。

例えば、市内での素材生産量及び流通量を増加させるための、木材流通加工施設整備に対する助成事業として6億500万円の新規事業は、中山間地域の産業を活性化するものである。第7章第2節でふれた中山間地域振興計画の各種事業がそれである。

また、ユネスコ創造都市ネットワーク加盟を目指すため、世界創造都市フォーラムを開催し、加盟都市ボローニャ（イタリア）、セビリア（スペイン）、グラスゴー（イギリス）、ゲント（ベルギー）の文化政策事例の発表とシンポジウムを実施する。

一方、伝統文化関連では、市内の伝統芸能保存団体等が一堂に会し、伝統芸能を披露する事業を新規に開催する予算も計上される。

そのほか文化という視点で見れば、異文化との接触機会となる観光面では、外国人観光客の誘致を目的としたインバウンド推進事業として約2,000万円、各観光協会が実施する観光誘致宣伝などの助成事業として約3,400万円などを盛り込んでいるほか、ブラジル人を始めとする外国人居住者との多文化共生社会実現のため、従来の多文化共生センター運営事業約5,300万円、外国人学習支援センター運営事業約3,700万円のほかに、新規の事業として外国人の子どもの不就学ゼロ作戦事業として約5,000万円を計上している。

さらに、緊急雇用対策も兼ね、100周年を記念し、サンバを中心としたダンスチームを全国から募集し、「浜松カップ」コンテスト（仮称）を開催する予算も計上されている。

再び第7条であるが、後半部分は、「従って、いかなる形態の遺産も、多様な文化における創造性を育み、真の異文化間対話を促すために保護・強化され、人類の経験と希望の記録として未来の世代に受け継がなければならない」である歴代市長の文化政策論でも明らかにしたとおり、文化は継承されることが重要である。

100年前の先人たちは今日の多文化共生時代を予測し得たであろうか。現在に生きる我々がその答えを見出し、創造性を育み、次世代に受け継がなければならないだろう。

単年度ごとの事業は一見細切れのようであるが実はそうではない。

創造都市についても、2008（平成20）年度の鈴木康友市長就任後初の施政方針において、「音楽を中心とする市民文化や地域ではぐくまれた伝統文化を振興し、本市ならではの個性的で、豊かな都市文化を創造するとともに、産業やまちづくりとの有機的な連携により、新たな価値が生まれる『創造都市』としての発展を目指してまいります」と述べている。

浜松市の市制100周年の風景は「文化肥沃」であるかもしれない。

89) 浜松市中山間地域振興計画では、①小規模、高齢化集落の維持②交流定住の促進③遊休施設の活用④地域の交通基盤の整備⑤情報通信格差の是正⑥飲料水の安定的な供給⑦保健、医療、福祉の確保⑧日常の消費生活の確保⑨農林業の高度化・特産品化とコミュニティビジネスの創出⑩有害鳥獣対策の強化⑪地産地消の推進⑫中核商店街の活性化⑬地域への誘客の促進――の 13 の施策を体系づけている。

90) グリーン・ツーリズムによる交流人口を指標とし、基準値〔2009（平成 21）年度〕の 270 万人に対し、目標値〔2018（平成 30）年度〕300 万人を掲げている。

91) 地域の多様な農林漁業・景観・歴史文化の資源を有機的に結びつけて、グリーン・ツーリズムの魅力を高め、都市と農村の交流を促進し、地域の農林漁業の振興及び活性化を総合的に図る。

92)「天竜川・浜名湖環境共生計画」に基づく事業で、エコツアーなどのイベント開催、散策マップや地域資源を紹介するホームページによる情報発信などを進めて、「地域まるごと博物館」を目指す。

93) 天竜ボート場は、国から認定を受けている、全国有数の 2000m コースを持つ国際規格のボート場。2014（平成 26）年まで高校選抜大会開催の権利を持ち、この施設を核としたボートのまちづくりを推進していく。

94) 食品購入時に「地元産」「県内産」を意識する市民の割合を指標とし、基準値〔2007（平成 19）年度〕の 57.5%に対し、目標値〔2012（平成 24）年度〕70%を掲げている。

95)『浜松市中山間地域振興計画』p.3.

96) 平地の周辺部から山間地までの、まとまった平坦な耕地の少ない地域。

97) 佐々木信夫『自治体プロの条件』ぎょうせい、1992、p.212-213.

98) 本来"統合する"という意味だが、地域市民の安心感を高める地域づくり、生き生きとした暮らしをつくり出す地域づくり、自分の"ふるさと"と誇れるような地域づくりの面を指している。

99) つまり他の地域、他の目で見て「魅力ある」「美しい」と思われるまちづくりでなければならないというわけだ。どんどんヨソの人が訪れ、見られることによって地域は美しくなろうとする。人々の交流が活発になる仕掛けこそが問われるのだ。

100) 市川前区長がいうのは、浜松市総合計画の第 4 章都市の基本理念 2 の都市の活力を高める社会関係資本の強化で謳っている、「市民と市民、市民と地域とは、互いの信頼関係や地域に対する誇りと愛着で結び付いています。また、私たちは、活発な経済・文化活動を通じて、国内外の人々や都市、企業とも信頼関係を築いています。信頼で結ばれるこうした人間関係の積み重ねは、社会関係資本と呼ばれ、地域における諸課題を解決する力として、経済や福祉の仕組みと並んで、市民の暮らしや都市の活力を左右する重要な要素となっています」を指す。

101) 佐々木、前掲書、p.229.

102) 第 1 回細江地域協議会〔2010（平成 22）年 4 月 26 日開催〕のあいさつ等で、市川元康・前北区長が発言している。

103)「まちづくり」北区くらしやすいまちづくり実行委員会、（号外版）、2010.3.31.

104) 北区引佐町産のホオズキを有効活用して作った人形「北っ娘」で、団体の活動資金ともなっている。

105) 須田寛『観光：新しい地域（くに）づくり』学芸出版社、2009、p.173.

終章

文化政策の視点で合併後のまちづくり

第１節　文化政策の視点によるまちづくりを提唱

新型政令指定都市はままつの実相は、誠に多面相であった。これが平成の合併が産み落とした国土縮図型政令指定都市と言われるゆえんである。

今年市制100周年を迎える浜松市における合併の歴史は、合併によって市域が拡大することで商工都市としての浜松も発展するという拡大路線だった。昭和の大合併時には、周辺の町村から噴水効果と言われたほどである。合併を希望した町村も浜松市もWIN-WINの関係でもあった。

市制100周年の歴史の中には、戦後焦土と化した市街地を文字どおりゼロからのまちづくりに奔走した若き日の栗原元市長の姿もあった。栗原元市長は、文化や芸術が人の心を癒すことを、身を持って体験し、「単に建築物を建てればいいのではない。機能だけでなく、温かみのある文化が息づくような総合的な発想が必要だ」と昭和20年代半ばには感じていた。

浜松市は、戦後の復興や合併よる市域拡大の中でまちづくりを行い、さらに、80年代、心の豊かさが叫ばれた90年代の20年間におよぶ栗原市政の下で、文化を基底に置いたまちづくりが開花していった。

この背景には、筆者の定義する磁力を持つこと、人や地域を成長させる力を持つ浜松人の気質として「やらまいか精神」という文化の基底があったことにもふれた。

この「やらまいか精神」は、平成の合併にも引き継がれていることは間違いないだろうが、これほど規模が大きく市域の多くが中山間地域となるような合併は初めてであった。

しかし、浜松市は都市内分権という仕組みを導入したことで様々な都市における課題を克服しようとしている。

例えば、区役所のあり方については、北区の事例でも明らかなように地域社会が抱える課題を的確に把握し、「地域のことは地域で決めて実行する」という原則を貫いている。

また、組織内分権によって、地域固有の伝統文化や行事などが、それぞれのまちづくりや地域振興という名目で、総合的に存廃が議論され市民の合意のもとに実施されている。

一市多制度では「ひとつの浜松」として、その看板は付け替えられたものの地域の固有事業は守っていくという精神は変わってはいない。

そのことは、市長へのインタビュー、行革審での審議や区役所費に見られるまちづくり予算など予算編成の方針で詳しく述べた。さらに、合併方針で調整課題とされた事務事業の中で、特に文化関連事業に関する項目の追跡調査を行った結果においても地域の固有文化は守られていることが明らかとなった。

ただし、今回の合併で一丁目一番地として位置づけられたように徹底した行財政改革を念頭に、「地域のことは地域で決めて実行する」ことであり、事業の存廃、規模の縮小も含めて住民の意志に基づいた判断が下されている。

予算費目でも「地域自治振興費」「区の魅力づくり事業」「地域づくり助成事業」「区まちづくり事業」「がんばる地域応援事業」「地域力向上事業」など、いずれも人と人を結びつけたり、地域を活性化させるための文化を基底とした事業名が目につく。

合併でデメリットと言われた点について整理すると、①組織内分権を導入したことによって、事務を行う場所での権限と責任が明確であり、地域完結型の行政機関を目指すことができ、市町村が遠くなってしまうという懸念②一市多制度から「ひとつの浜松」という考え方への転換においても、地域の固有事業や伝統や文化が失われるのではないかという不安――のいずれもが都市内分権という仕組の中で払拭されていることが明らかになった。

一方、本庁の専門性を活かした予算面では、全市域への芸術文化振興に関する事業展開が行われていることも示した。その事例では、浜松市の専門性を活かした音楽によるまちづくりは、芸術が人を成長させ、地域に活力をもたらす事業であることから、全市の予算で紹介した浜松国際ピアノコンクールや市内小学校５年生全員を対象にしたこども音楽鑑賞教室「こんにちは　オーケストラ」などの事業を挙げるのが適切であろう。

さらに、合併や少子高齢化という浜松市や社会を取り巻く環境の変化に対応して、文化振興ビジョンも改定された。同ビジョンでは「文化はすべての人々のもの、人々の生活の質を向上させる、社会・経済の発展の基盤」と定義づけ、文化振興のための政策は、都市の新しい力を生みだすための重要な政策として位置づけられるものとした。

さらに、同ビジョンでは、合併によって地域に点在する伝統文化・芸能、文化財の多くを手に入れたことにより、それらの保存・伝承に取り組む姿勢を見せた。

筆者は、文化政策を「文化のもっている魅力を引き出すことにより人と人を結びつけ、地域力を高めるもの」であると定義した。その際の文化とは、「①動詞であり時制（過去・現在・未来・完了形・進行形）を持つ②磁力を持つ③感動を与える力を持つ④人や地域を成長させる力を持つ—— 生活文化、習慣、伝統文化・芸能、有形・無形文化財、芸術文化など」であるとした。

文化が動詞であり時制を持つとしたのは、違った目で見れば、忘れ去られた過去の伝統文化・芸能が現代に甦ることもあり、また、伝統文化は代々継承されており、現代に生きる人によって次世代に受け継がれていくものだからである。また、その文化は、こちら側から観たり、語りかけたりしなければならないものでもあるように思える。

合併によって、既存の観光資源であった北区の旧３町の寺院にあった国の重要文化財も湖北五山という新たな観光ルートと化したことや文化財等のアーカイブ化も過去、現在、未来への時制を持つ文化の特徴である一例といえよう。

そうした資源や文化財等に改めて目が向いたのも平成の合併がきっかけだった。ゆえに、文化政策を「文化のもっている魅力を引き出すことにより人と人を結びつけ、地域力を高めるもの」定義した理由はそこにある。

しかし、他の市町村が浜松市と同じ手法を持ってしても成功するとは限らない。チャンスはないのだろうか。歴史や風土の違いはもちろん、そうした環境で育ってきた人々の気質の問題もある。

浜松市も最初から文化があったわけではない。栗原元市長が奉職の翌年の1949（昭和24）年、浜松在住の作家藤枝静男（故人）に「浜松は文化不毛の地といわれるが、けっしてそう見てはいけない。古い都市だからといって、文化があるわけではない。浜松に新しい創造を築いていけばいいんだ」とアドバイスされている。戦後復興のまちづくりにおいて、いち早くそう指摘されたことを取り入れたところに浜松らしさがある。

その言葉こそ、現代に生きる私たちが学ぶべき言葉であろう。それぞれの地域に新しい創造を築いていくのに絶好の機会が平成の合併である。

第1章第3節で篠山市の事例を紹介したが、同市が合併時に将来ビジョンとして掲げたのは、「輝かしい歴史と伝統を受け継ぎながら、緑豊かな自然を生かし、ゆとりと豊かさが享受でき、創造的な文化活動や産業活動が活発に行われる“人と自然の調和した田園文化都市”」であり、文化を基底にしたまちづくりであった。

以上のことを成し遂げる前提には、人を育て組織風土を確立することが何よりも肝要であることは言うまでもない。本書では合併協議会事務局という組織およびそこへ出向した旧12市町村の職員にスポットを当て、職員のモチベーションの向上や意識の変容を紹介した。こうしたモチベーションを高める組織でもあった。

地域完結型を目指した都市内分権の顕著な例として、浜松市の縮図と言われている北区の事例を取り上げた。市民協働の理想的な形ができあがりつつあるのも根底はやはり人であろう。組織の人によって組織風土が創られるのと同じように、地域の人によって地域の風土が創られていくのである。

合併は文化政策にとって一本の木に過ぎない。森にはたくさんの文化政策の木が生えている。天竜の木材はかつて天竜美林といわれた。その木を育てるには80～100年かかると言われている。

浜松市の目指す音楽のまちづくりについても、栗原元市長の議会答弁の「文化の育っていくということには、さまざまな西洋の都市の文化のように、5年、10年で尺度をはかるということは私は難しい問題だろうと思う。やはり少なくとも何十年というタームで物事を考えていかなければならない／まず、たゆまない努力を続けることが文化の要諦ではないかなというふうにも思っている」ということにまちづくりも当てはまることは言を待たない。

木にはそれぞれの個性があるように、文化政策という森には個性あふれる木がたくさんある。積み残した、あるいは、検証しきれなかった文化政策の木々は、それぞれの個性を活かしながら森を形成し地域の活性化を促していると確信している。

平成の合併を機会に、合併した市町村も、しなかった市町村も文化政策の視点でまちづくりをすることを提唱したい。

第２節　真の文化政策とは何か

最後に、文化政策をどのように取り込んでいけばよいのかについてふれておこう。

本書の中で、文化政策という言葉が何度も登場した。もちろん筆者なりの定義もしている。少なくとも文化を基底にした文化政策の視点でまちづくりを提唱することの意義をいささかでも理解していただけたものと思う。

以下は、浜松市の基本構想の将来像の話ではあるが、その精神には文化政策の戦略が盛り込まれている。

浜松市は政令指定都市への移行に当たって、第１次浜松市総合計画を策定した。市のあるべき姿を明らかにする都市の基本理念や将来像を示す基本構想は2007（平成19）～2014（平成26）年度の８年間を計画期間とした。

さらに、基本構想で定められた将来像を実現する都市づくり戦略書として、総合的な政策体系を構築し目標を定め、選択と集中による政策の重点化を進める計画として都市経営戦略を策定した。同戦略は前期と後期に分かれ、前期は2007（平成19）～2010（平成22）年度、後期は2011（平成23）～2014（平成26）年度のそれぞれ４年間を計画期間とした。

さらに、都市経営戦略で掲げられた目標を達成するため、行政が実践する計画として、市全体、部局及び区における経営方針などを表した単年度の戦略計画がある。

政令指定都市への移行に当たって策定された基本構想では、「市民参加の視点」「地域の個性尊重と新市の一体感の醸成」「新市建設計画の尊重」など五つの基本方針を掲げて進められてきた。

2007（平成19）年の選挙によって市長が交代したことに伴い、新市長就任後はマニフェストの項目について、単年度の実践計画となる戦略計画において反映させてきた。もちろん第１次総合計画に則ったものである。

例えば2010（平成22）年度の戦略計画では、都市の将来像を“市民協働で築く「未来へかがやく創造都市・浜松」”とした。その実現のためには、①共生・共助でつくるひとつの浜松、豊かな地域②やらまいか精神で飛躍させるものづくりの伝統③自然環境と調和する都市文化の振興・発展―― の三つの方向性を掲げた。

通常であれば、都市経営戦略は2010（平成22）年度で前期が終了し、2011（平成23）年度から後期に入る。

ところがこの４年間の社会経済環境の急激な変化等に対応するため、基本構想の見直しと新都市経営戦略の策定を総称した「第２次浜松市総合計画」の策定を進めてきた。

今回の計画策定では、①「ひとつの浜松」の形成②市民協働を重視③スピード感と柔軟性のある計画④分かりやすさの追求―― の四つの視点に着目している。

計画そのものの名称は、第１次総合計画を引き継ぎ「第２次浜松市総合計画はままつやらまいか創造プラン」として、基本構想の見直し後の期間は残余期間である４年間としている。

現市長のマニフェストが色濃く出ているのは、先述の四つの視点でも見られるが、従来の都市像が「技術と文化の世界都市・浜松／環境と共生するクラスター型都市・浜松」であったのに対し、新都市像では「市民協働で築く　未来へかがやく創造都市・浜松」となったところであろう。

また、分野ごとの将来像は、従来のものが「みんなが奏でる世界都市」だったのに対し、「みんなが奏でるひとつの浜松」となったことでもある。

この計画期間中に基本構想の変更を余儀なくさせられた要因として、世界同時不況による景気の低迷と雇用情勢の悪化などが挙げられているが、市長交代によるマニフェストの実現、つまり先に挙げられた四つの視点はいずれもマニフェストの中の目玉のキーワードであり、文字どおり分かりやすさとスピード感を具現化したものである。

同計画案に対して、2010（平成22）年８月20日～９月21日の約１カ月間パブリック・コメント[106]が実施された。市民からの「『未来へかがやく創造都市・浜松』であるために、各戦略を貫く文化政策が必要ではないか。戦略としての文化政策があっても良いと考える」という意見に対して、市は盛り込み済みと回答している。

その回答とは次のとおりであった。「重点戦略を掲げるに当たって、創造都市実現のための３つの視点『人材創造』『産業創造』『文化創造』を掲げ、全体を包括する考え方として示した…… 」とある。

文化を基底とした精神が盛り込まれていると解釈すべきであろうが、「創造」という輝かしい言葉が先行している感は否めない。

このやり取りを読んで、本書のはじめにで書いた「文化的多様性に関する世界宣言」の第７条を思い出した。第７条は、「創造は、文化的伝統の上に成し遂げられるものであるが、同時に他の複数の文化との接触により、開花するものである。従って、いかなる形態の遺産も、多様な文化における創造性を育み、真の異文化間対話を促すために保護・強化され、人類の経験と希望の記録として未来の世代に受け継がなければならない」である。

「創造」の概念が極めて明白である。

栗原市政から北脇市政、そして鈴木市政へと市の文化政策は継続性のあるものであることは先に述べたとおりで、浜松市の新しい将来像には戦略としての文化政策が盛り込まれているとしたことは間違いないが、盛り込んでいることと伝わっていることのギャップが文化政策の難しさであろう。そのことは市民アンケート調査結果の満足度と重要度の結果からも読み取ることができる。

2011（平成23）年３月27日に告示された市長選で、鈴木市長は同市の歴史の中で48年ぶり、政令指定都市の市長選では初となる無投票当選で２期目の切符を手にした。

鈴木市長は国会議員時代から、選挙戦で自らの主張を訴え当選を果たしてきた。今回は違った。１期目の実績と市制100周年を迎える浜松市の市長に相応しい市長として市民が選択した。このことは、ある意味では選挙戦より重い当選だったことは誰よりも市長自らが感じていることであろう。

当選に際して鈴木市長は「地方から国を変えていきたいと思っている／過疎

地や限界集落を抱えるような浜松が自立できれば全国のモデルとなれるだろう」と抱負を語っている。さらに、「浜松は今年市制100周年。次の100年に向け、新たな一歩目を踏み出す」と決意を新たにしている。

都市を取り巻く環境は決して容易な道ではない。長い歴史の中で市長はリレー走者である。バトンを受け継いだら一まわりも二まわりも大きくしたうえで、次に引き継いでゆくことが肝要であろう。

文化のためのアジェンダ21の第10項は、「地方の発展の質は、文化政策と他の公共政策、つまり社会、経済、教育、環境および都市計画の構成によって決まる」であった。

また、栗原元市長の議会答弁の中で、「音楽のまちは、単に音楽だけでなく、美しい町並み、緑豊かな自然、暮らしやすい環境などその呼び名にふさわしい美しい景観、整備された都市基盤などが備わっていなければならない。そのためには、音楽のまちづくりを取り入れた施策の展開を全庁的な取り組みとして、今後も一層充実していく必要があると考えている」と述べていることを紹介した。

両者に共通しているのは、文化政策だけではまちは良くならない。総合的な政策の中に文化政策を落とし込んでいかなければならないということである。世界に認められる創造都市になるためには、タックス・ペイヤー（納税者）としての一般市民、企業市民の自覚はもちろんのこと、都市として何かに秀でたものがあることであり、その土台には文化を基底とした地域があるということが必要であろう。

シンプルでわかりやすい文化を基底にした地域づくりのためには、市民協働という手法が必要だ。そのことを行政と市民が共有する（できる）文化は、浜松市民にしっかり根付いている“やらまいか精神”であろう。

地域文化を育てていくことは、市が目指す芸術文化振興の延長線上にある創造都市構想につながっているんだということを市民と共有することである。そういう意識の持ち方（持たせ方）に対するアプローチの仕方が今後の文化政策の決め手となろう。

最後に、真の文化政策とは何かに対するヒントを用意しなければならない。

「文化的多様性に関する世界宣言」の第11条は、「**市場原理だけでは持続性ある人間開発を実施するために欠くことが出来ない文化的多様性の保持・促進を保障することができない。この観点から、民間セクター及び市民社会とのパートナーシップに則った公共政策が何よりも重要であることを改めて確認しなければならない**」である。

現段階では、この条文が最もふさわしいであろう。

---

106) 市が計画や条例などの案を事前に公表し、市民からの意見を集約し寄せられた意見に対して市の考え方を公表し、寄せられた意見を考慮して最終案をつくっていく一連の手続きをいう。

《参考文献》

スロスビー・デイヴィッド『文化経済学入門：創造性の探求から都市再生まで』中谷武雄、後藤和子監訳。日本経済新聞社、2002

トフラー・アルビン、トフラー・ハイジ『富の未来：上』山岡洋一訳。講談社、2006

新しいまちをつくる会『鈴木やすともの政策提言（マニフェスト）「やります！」』新しいまちをつくる会、2007.3.16

伊藤裕夫「人と人との間につながりを生む文化を」『浜松市制90周年記念誌：そして未来へ』浜松市、2001

上野征洋編『文化政策を学ぶ人のために』世界思想社、2002

太下義之「創造都市バルセロナの文化政策：文化と経済が共に発展するための戦略」季刊『政策・経営研究』2008.Vol.1

大西隆「国土縮図型大都市（政令指定都市）の誕生」『地域開発』第511号、2007年4月号

岡田知弘・石崎誠也編著『地域自治組織と住民自治』自治体研究社、2006

織田直文編著『文化政策と臨地まちづくり』水曜社、2009

兼村高文「第5章：合併特例債に踊った篠山市」町田俊彦編著『「平成大合併」の財政学』公人社、2006

北区くらしやすいまちづくり実行委員会編「まちづくり」北区くらしやすいまちづくり実行委員会、（号外版）、2010.3.31

小森治夫著『府県制と道州制』高菅出版、2007

小森治夫「市町村合併問題を考える」鹿児島県立短期大学地域研究所『研究年報』第33号、2002

小暮宣雄著『アーツマネジメントみち：社会に未知、まちにダンス』晃洋書房、2003

佐々木信夫著『自治体プロの条件』ぎょうせい、1992

静岡経済同友会浜松協議会『第12回同友会経済サミット：政令市　新・浜松に向けた都市運営報告書』2005

静岡新聞社編『アクトシティ物語』静岡新聞社、1994

司馬遼太郎著『司馬遼太郎全講演［1］1964-1974』朝日新聞社、2003

司馬遼太郎著『司馬遼太郎全講演［2］1975-1984』朝日新聞社、2003

司馬遼太郎著『司馬遼太郎全講演［3］1985-1988』朝日新聞社、2003

司馬遼太郎著『司馬遼太郎全講演［4］1988-1991』朝日新聞社、2003

司馬遼太郎著『司馬遼太郎全講演［5］1992-1995』朝日新聞社、2004

須田寛著『観光：新しい地域（くに）づくり』学芸出版社、2009

辻山幸宣編著『新しい自治のしくみづくり』ぎょうせい、2006
天竜川・浜名湖地域協議会編『合併協定書』浜松市、浜北市、天竜市、舞阪町、雄踏町、細江町、引佐町、三ケ日町、春野町、佐久間町、水窪町、龍山村、2004
天竜川・浜名湖地域協議会編『事務事業調整方針一覧表』（浜松市合併協定書別添資料）天竜川・浜名湖地域協議会、2004
天竜川・浜名湖地域協議会編『新市建設計画』（浜松市合併協定書別添資料）天竜川・浜名湖地域協議会、2004
天竜川・浜名湖地域合併協議会『天竜川　浜名湖地域合併協議会だより Vol. 1 ～ 18』天竜川・浜名湖地域合併協議会、2003.11-2005. 6
天竜川・浜名湖地域協議会『都市内分権と地域自治区』（浜松市合併協定書別添資料）天竜川・浜名湖地域協議会、2004
中川幾郎著『分権時代の自治体文化政策』勁草書房、2001
新田一郎「合併推進から合併円滑化へ：『平成の合併』は一区切り」『地方自治』第 751 号、2010 年 6 月号
根木昭著『日本の文化政策：「文化政策学」の構築に向けて』勁草書房、2001
葉上太郎「『平成の大合併』篠山市の失敗」『文藝春秋』2010 年 4 月号
浜松市編『浜松市史：新編資料編五』浜松市、2008
浜松市編『浜松市史：新編資料編六』浜松市、2010
浜松市編『2010 浜松市勢要覧』浜松市総務部広聴広報課、2010
浜松市編『新「浜松市」誕生：天竜川・浜名湖地域合併の記録』浜松市、2005
浜松市生活文化部文化政策課編『浜松市文化振興ビジョン』浜松市生活文化部文化政策課、2009
浜松市企画部地域自治振興課編『浜松市中山間地域振興計画（山里いきいきプラン）』浜松市企画部地域自治振興課、2010
浜松市企画部地域自治振興課編『浜松市中山間地域振興計画：別冊資料集』浜松市企画部地域自治振興課、2010
浜松市総務部広聴広報課編『平成 21 年度　市民アンケート調査報告書』浜松市総務部広聴広報課、2009
浜松市総務部広聴広報課編『平成 22 年度　市民アンケート調査報告書』浜松市総務部広聴広報課、2010
浜松市立伊佐見公民館・わが町文化誌編集委員会編『わが町文化誌：湖と花と緑の里　いさみ』浜松市立伊佐見公民館、1997
浜松市立可美公民館・わが町文化誌編集委員会編『わが町文化誌：美しかる可き里』浜松市

立可美公民館、2005
浜松市立新津公民館・わが町文化誌編集委員会編『わが町文化誌：潮かおる　浜の里』浜松市立新津公民館、1995
浜松市立積志公民館・わが町文化誌編集委員会編『わが町文化誌：積志の流れ 今むかし』浜松市立積志公民館、1990
浜松市立都田公民館・わが町文化誌執筆編集委員会編『わが町文化誌：都田風土記』浜松市立都田公民館、1994
浜松市立三方原公民館・わが町文化誌編集委員会編『わが町文化誌：三方原　赤土大地古戦場』浜松市立三方原公民館、1994
浜松市立和地公民館・わが町文化誌編集委員会編『わが町文化誌：和の里　今むかし』浜松市立和地公民館、2000
林宜嗣著『分権型地域再生のすすめ』有斐閣、2009
文化審議会・答申「第1章：今後の社会における文化の機能・役割」『文化を大切にする社会の構築』2002
文化庁監修『文化芸術立国の実現を目指して』ぎょうせい、2009
矢作弘「有限責任法人を自治体内自治組織として活用：旧明宝村（岐阜県）」『地域開発』第537号、2009
山北一司、連載「合併協を支える市町村職員の思い（上）：『対等の精神』や『新市の将来像』が絆に、天竜川・浜名湖地域の取り組み」『地方行政』時事通信社、2004.11.15
山北一司、連載「合併協を支える市町村職員の思い（下）：中心市は一歩引くのがベター、資料作りが一枚岩へのきっかけに」『地方行政』時事通信社、2004.11.18
山北一司「都市・自治体連合の支部総会で講演―― 浜松市長：地方分権と市町村合併の実例を紹介―― 韓国・大邱市にアジア太平洋の11カ国が集う―― 」『地方行政』時事通信社、2005.5.19
山北一司、連載「浜松市、この市のかたち・ゆくえ①～⑨」『地方行政』時事通信社、2007、5.24、5.28、5.31、6.4、6.7、6.11、6.14、6.18、6.21
山北一司『演心香』文芸社、2010

《参考 HP》（最終参照日：2011.3.22）

外国人集住都市会議
http://www.shujutoshi.jp/
篠山市
http://www.city.sasayama.hyogo.jp/
総務省市町村合併資料集
http://www.soumu.go.jp/gapei/gapei.html
都市・自治体連合アジア太平洋支部浜松
http://www.uclg-hamamatsu.jp/uclg_about/member.html
浜松市
http://www.city.hamamatsu.shizuoka.jp/
浜松市会議録検索システム
http://www.kaigiroku.net/kensaku/hamamatsu/hamamatsu.html
浜松市行財政改革推進審議会
http://www.h-gyoukaku.jp/
文化審議会答申「文化を大切にする社会の構築」
http://www.bunka.go.jp/bunkashingikai/soukai/pdf/1000015168_toushin.pdf

あとがき

本書執筆にあたって「ひとつ」という言葉が脳裏から離れなくなった。

日本という一つの国でありながら、同じ政党内でさえも、中身はバラバラということがいくらでもある。一つになることは不可能に近い。

平成の合併は、基礎自治体を少なくすることだった。一見合理的なように見えるが、一緒になる対象は市民である。神でもなければ合併した新市民の心を一つにすることは不可能である。

これからは、一人ひとりが幸せを実感できる社会の実現を目指さなければならない、という思いで本書を書いてきた。そんな中、クリント・イーストウッド監督の『インビクタス／負けざる者たち』(2009年)が、私の心を揺さぶった。

舞台は1994年の南アフリカ共和国。ネルソン・マンデラは反体制活動家として27年間も投獄されていたが、この年に同国初の黒人大統領となった。

ストーリーは、人種隔離政策(アパルトヘイト)は廃止されたものの、白人と黒人の間には未だ一つの国になれないという厳しい現実があったことを前提としている。1995年同国が開催国となるラグビー・ワールドカップ。これを挙国一致のイベントとし、10億人が視聴するテレビ放映という手段によって新生南アフリカをアピールしようとしていた。

自国のラグビーチーム「スプリングボクス」は、黒人は一人だけで、他は全員白人のチームである。開催国にも関わらず最近の試合成績は芳しくない。そんな折、黒人代表者たちがスポーツ協議会でチームカラーと愛称を「アパルトヘイトの象徴」として、変更を全会一致で決定してしまう。それを聞いた大統領は他の公務を差し置いて、同会場に駆け付け、「今まで我々は白人たちに脅かされた。しかし我々は白人たちを『協力する寛容の心』で迎えるのだ」と27年間投獄されてきた人とは思えない寛容さで採決を覆した。

ラグビーを使って国家を一つにまとめようと、マンデラはチームの主将フランソワ・ピナールを茶会に招く。

彼の熱のこもった言葉と、行動力にピナールは動かされ、やがてそれはスプリングボクスのメンバーにも伝播していった。
このときの言葉が、「ひとつのチーム、ひとつの祖国」であった。
マンデラの寛容の心はついに、予想もしなかった快進撃で優勝という結果につながった。黒人も白人もスプリングボクスの優勝に抱き合って喜んだ。「ひとつ」になった瞬間だった。
この映画は実話を題材にしたものであるが、平成の合併によって「ひとつ」になるということと重なってしまう。
しかし、根本の問題は育ってきた環境であり、そこには地域固有の文化が存在する。この文化は育ってきた環境や人格にもふれるものであり、そう簡単ではない。
では、どうすればよいのか、マンデラに学ぶことは、相手を認めること、寛容の心で迎えることである。
これが国家の問題であれ、自治体の合併であれ、普遍的な定理であろう。
本書が最終章に入った時点で、大変痛ましい災害が発生した。3月11日の東日本大震災である。被災された方々に心よりお見舞い申し上げます。
いまこそ、日本国民が、いや世界の人々が心を一つにして、復興に協力すべき時である。日本国民は早期に復興を成し遂げることを祈願しています。
最後になりましたが、本書の執筆に際し、京都橘大学の小森治夫教授には各種のご助言ご指導を賜りました。また、同大織田直文教授には、ご指導のほか水曜社様をご紹介いただくなど大変お世話になりました。
出版に際しましては、水曜社の仙道弘生社長に、構成上のアドバイスなど的確なご指導を賜わらなければ本書は完成しなかったでしょう。また、同社編集部の福島由美子氏には、短い日程の中で手際よく処理していただいたことに感謝しております。この場をお借りして関係各位に厚く御礼申し上げます。
本書執筆に際し、取材に応じて下さった浜松市北区の市川元康前区長並びに同市文化政策課の佐竹玄吾課長には多大な資料やご助言を賜りましたことここに厚く御礼申し上げます。

山北一司

著者略歴

山北　一司（やまきた　かずし）

1959年岐阜県生まれ。芸術・文化普及研究者。青山学院大学卒業。時事通信社静岡総局次長兼浜松支局長、鹿児島支局長を経て研究の途に入る。2011年京都橘大学大学院文化政策学研究科博士前期課程修了。「浜松市アクトシティ音楽院コミュニティコース第4期主催者養成セミナー」リーダー、「浜松市世界都市化ビジョン有識者懇話会」委員などを務める。著書に『演心香』など。

浜松市の合併と文化政策　地域文化の継承と創造

発行日　2011年7月18日　初版第一刷

著　者　山北 一司
発行者　仙道 弘生
発行所　株式会社 水曜社
〒160-0022　東京都新宿区新宿1-14-12
TEL 03-3351-8768　FAX 03-5362-7279
URL www.bookdom.net/suiyosha/
印　刷　モリモト印刷 株式会社

©YAMAKITA Kazushi, 2011, Printed in Japan

ISBN978-4-88065-266-5 C0036

本書の無断複製（コピー）は、著作権法上の例外を除き、著作権侵害となります。
定価はカバーに表示してあります。乱丁・落丁本はお取り替えいたします。

文化とまちづくり叢書

地域社会の明日を描く――。

官民協働の文化政策　松本茂章 著
人材・資金・場　2,940円

公共文化施設の公共性　藤野一夫 編
運営・連携・哲学　3,360円

固有価値の地域観光論　冨本真理子 著
京都の文化政策と市民による観光創造　2,835円

企業メセナの理論と実践　菅家正瑞 監修 編・佐藤正治 編
なぜ企業はアートを支援するのか　2,835円

文化政策学入門　根木昭 著
2,625円

創造都市と社会包摂　佐々木雅幸・水内俊雄 編著
文化多様性・市民知・まちづくり　3,360円

文化政策と臨地まちづくり　織田直文 編著
2,835円

まちづくりと共感、協育としての観光　井口貢 編著
地域に学ぶ文化政策　2,625円

芸術創造拠点と自治体文化政策　松本茂章 著
京都芸術センターの試み　2,940円

アーツ・マネジメント概論　三訂版　小林真理・片山泰輔 監修
伊藤裕夫・中川幾郎・山﨑稔惠 編著
3,150円

アーツ・マーケティング入門　山田真一 著
芸術市場に戦略をデザインする　3,150円

まちづくりオーラル・ヒストリー　後藤春彦・佐久間康富・田口太郎 著
「役に立つ過去」を活かし、「懐かしい未来」を描く　2,100円

指定管理者は今どうなっているのか　中川幾郎・松本茂章 編著
2,100円